ウチダメンタル

心の幹を太くする術《すべ》

内田篤人

まえがき

32歳でプロサッカー選手を引退した。

「早いよ！」「悔いはないの？」ってたくさん言われた。

でも悔いはないし、自分からやめることを選択した。誰かに「ここまでだね」と肩を叩《たた》かれたわけではない。チームに貢献できていない自分がもどかしく、申し訳ない気持ちがとても強かった。


最後の数年、20代後半というアスリートとして一番輝けるであろう時間を、僕は膝のリハビリに費やした。膝にいいとされるものは、なんでも試したけれども、最後まで完治しなかった。

「明日の朝、起きれば少しは痛みがましになっているかな？」と思いながら寝る。でも、起きても僕の膝の痛みは良くはなっていなかった。

いつからか「どうせ、明日も痛いだろう」と期待を一切持たないで、眠るようになってしまった。

起きてクラブハウスに行く。トレーナーと一緒に単調なリハビリメニューに取り組むときはパチン！　と「心のスイッチ」を切った。「つらい」「つまらない」という気持ちが頭を支配しないように、淡々と黙々とプログラムをこなした。

そんなイメージも強かったからか、「ウッチーは、メンタルが強いよね」と、現役時代によく言われた。現役をやめた今、改めて「メンタル」ってなんだろうなって思う。

よく「強い」「弱い」などと言うことが多いけれど、僕の感覚は違う。言葉にするなら「なるべく上下動しない」メンタルがいいというのが一番近い。「常に一定」であり、感情の起伏があまりないということ。

長い間、サッカー選手・内田篤人を支え、良いところも悪いところも知ったうえで僕を世界中のクラブに売り込んでくれた、アッキー（秋山祐輔）という男がいる。いわゆる代理人だ。

そのアッキーが僕について「メンタルの幹が太い」って褒めてくれた。なるほど、太ければ太いほど上下しにくくなる。理想の状態だなって思った。

最近、メンタルバランスを崩している人が多いと聞く。ということで「メンタル本」だ。名づけて『ウチダメンタル　心の幹を太くする術』。自分で言うのもナンだけど他の人の考えかたとはちょっと違うし、その違うことが今の内田篤人を作り上げたと思っている。それを「いいモノ」として見てくれるか「悪いモノ」とするかは、みなさんにお任せする。

子どもでも、アイドルでも、職人でも、経営者でも、完璧なメンタルを持っている人など、ほとんどいないと思う。そんな人たちにメンタリスト・アット（笑）のメンタル・メソッド、名づけて「ウチダメンタル」が少しでも人生の参考になればありがたいです。

内田篤人

contents

第１章

ウチダメンタル
（６つの☑ポイント　入門編）

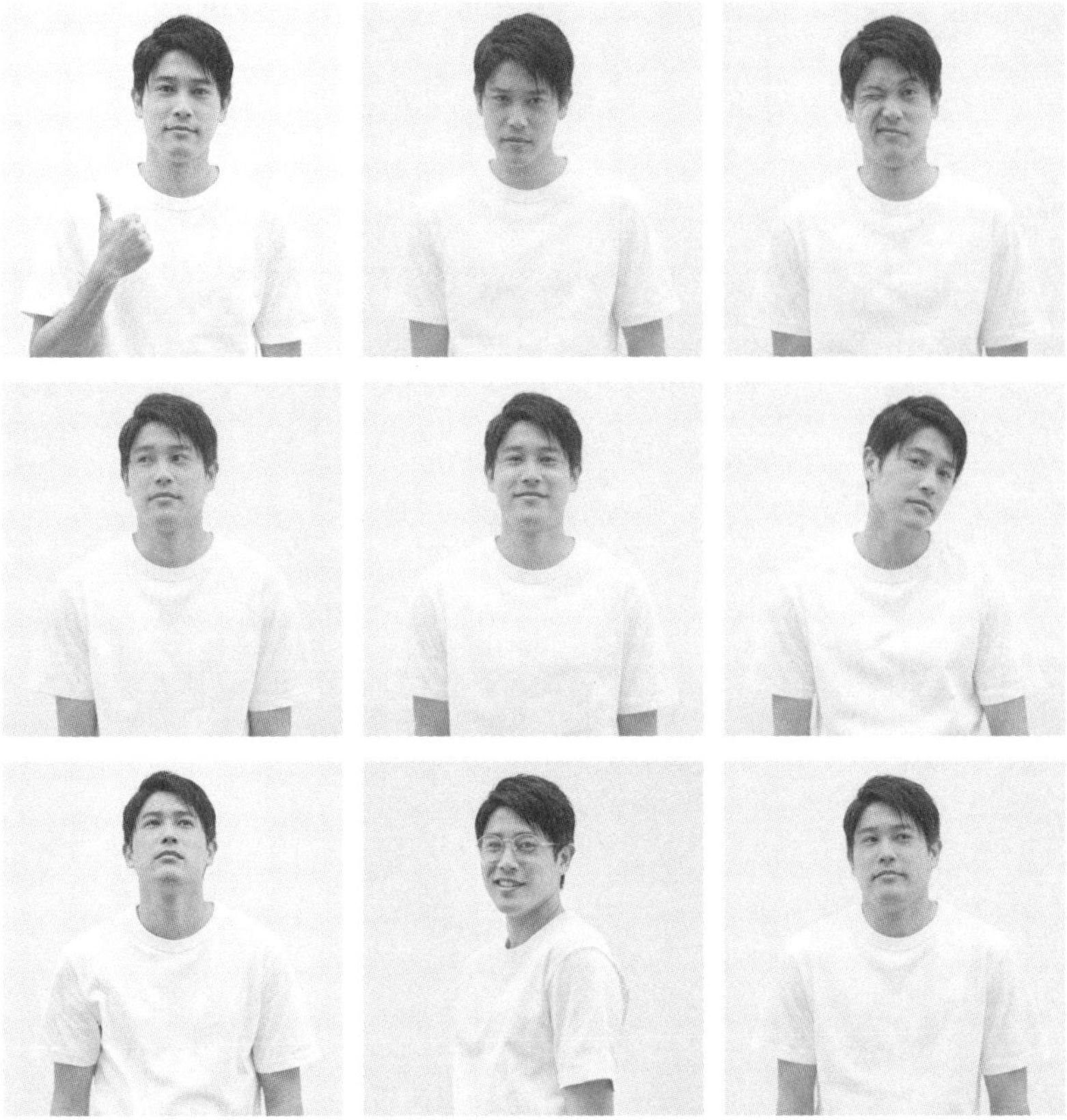

ウチダメンタル✓1 エピソード

メンタルは上下で考える

あのとき、誰か写真を撮っていたらカッコ良かったのに——というのは半分冗談だけど、ドラマのワンシーンみたいに真っ暗なピッチを走り続けたことがある。異国の地・ドイツ、練習終わり、誰もいない練習場……、電気が消えるなか、白線の上を淡々と走った。30分くらいだったかな。雨が降っていて、僕は泣いていた、実は。

ね、なんかカッコ良くない(笑)？

この話、テレビ番組の『情熱大陸』でもしたから、知っている人も多いかもしれない。

鹿島アントラーズからシャルケ04に移籍して2年目を迎えた僕は、試合に出られないでいた。2012年のことだ。

1年目はほとんどすべての試合に出て、チャンピオンズリーグ（この大会は、サッカー選手がもっとも憧れる大会で、あのなかで一回戦っちゃうと、日本代表戦すら霞《かす》んじゃうくらいインパクトがあった）にも出場できた。ベスト4という快挙（自分で言うなって言われそうだけど、本当にこれはすごいことなのよ、マジで）まで経験させてもらった。おまけといっちゃ失礼なんだけど、ブンデスリーガ公式HP（英語版）のユーザー投票で年間ベスト11にも選ばれた。

それが2年目を迎え、まるで反転したような状況に陥った。

要因は「監督交代とケガ」。それが一般的な見方だったと思う。

監督は、1年目から起用してくれた（フェリックス・）マガトがその年の3月に解任されると残りのシーズンを（ラルフ・）ラングニックが務めた。チャンピオンズリーグベスト4をともに戦ったのも彼だ。2年目もチームを率いるはずだったんだけど、重圧があったのかバーンアウト（燃えつき）症候群にかかってしまって9月末に退任した。やってきたのは、ステファン（フーブ・ステフェンス）だった。

ケガはラングニックが退任するちょっと前のこと。肉離れを発症して1か月くらいチームを離脱した。

ステファンが監督になり、ケガから戻ってきたときには、スタメンから僕の名前は消えていた。

しんどかったのは確かだ。

でもそれは「なんで試合に使ってもらえないんだ」というような「出られないいつらさ」じゃない。むしろ、試合に使ってもらえないことは当たり前だとすら思っていた。そのくらい納得いくプレーができていなかった。

よく覚えている試合がある。2011年12月14日のヨーロッパリーグ・グループステージ最終節、マッカビ・ハイファ（FC）戦。すでにグループリーグ突破が決まっていた僕らシャルケは、一軍メンバーを帯同させず、アウェイの地・イスラエルへと乗り込んだ。そのなかに、僕もいた。

チームのこの決断に「二軍メンバーと消化試合に連れていくなんて」と言う人もいたけど、僕にそんな気持ちはまったくなかった。

むしろ、2か月半近く、先発で90分を戦っていなかったから、自分がどのくらいできるのか、コンディションが戻ってきているのかを知る絶好の機会だと捉えていた。想像より落ちているのか、それともできるのか。

試合は3対0で勝った。そして普通だな、と思った。止める、蹴る。まあまあ、できてるんじゃんって。ここからだなー、そんな感覚があった。

実際、試合後にステファンに呼ばれて「ある程度、戻ってきているからこのまま続けろ」と言われた。使ってくれない監督は好きじゃない。でも、ステファンはそれなりに僕を見続けてくれていた。練習中に呼ばれて、「お前、もっとできるだろう」とか「こんなもんじゃないだろう」って話をされた。よく聞くと、その前のシーズンに（フランク・）リベリと対戦している映像を見ていて、そのときのパフォーマンスを取り戻してほしいらしかった。

でも、それから僕のコンディションは、全然上がってこなかった。頭ではわかっているんだけど、身体《からだ》がついてこない。ばらばら。

監督から期待されている。使ってくれそうな雰囲気はある。だけど、自分のコンディションは上がらない。思った通りのパフォーマンスができない。それがめちゃくちゃ申し訳なかった。

そこから年明けの２０１２年くらいまで状況は少しずつ悪くなっていった。途中出場や試合に出られなくなる日が増えるようになり、ついにはベンチ外となる。

泣いたのは、初めてベンチ外を告げられた日のことだ。

練習後いつも「俺んちへ遊びに来い」って強引に誘ってくるチームメイトのパパ

（キリアコス・パパドプロス）が、その日も「来い」って声をかけてきた。人の家に行くのはおっくうだけど、パパはいいやつだからそれまでもなんだかんだで楽《たの》しんでいた。

でもこの日はまったく行く気にならなくて、「ちょっと走ってくるわ」とだけ伝えた。

パパも察したみたいだった。いつもなら「いいから来い！」って言うのにさ、「わかったよ、走ってこい」って。――その優しさにも、泣けるよね。

結局、泣き止むまで走って、それから帰った。

なんでこんな話をしたのか、といえばこの本のテーマであるメンタルについて、自分なりのスタンスを知ってほしかったからだ。決して、これを読んで、「内田も苦労したんだな」とか、思ってほしいわけじゃない。

こういう一見、不甲斐《ふがい》ない、スランプみたいな状況にあって僕は「そういうもんだろうな」と思っていた。

もちろん、感情的にしんどいとか、もどかしいという思いはある。自分にとって良くない状況が気にならないわけがない。

でも、だからといってこれを乗り越えなきゃ、とか、新しい行動をしなきゃいけないみたいな感覚にはならないし、落ち込んで飲みに行って憂《う》さを晴らしてやろう、ともならない。

サッカー選手って、スポーツしている人って、こういうことが普通にあるんだよねー。

そう捉える。それが僕のスタイルだ。

当時インタビューされた内容が今も残っている。**ベンチ外の状況を「モヤモヤする？」と聞かれて「モヤモヤしてやろうと思う」と答えていた。**

このインタビュー自体は記憶にないんだけど、そう答えた昔の自分に対して「そうだよね」って言いたい。

実際、モヤモヤしているんだから、モヤモヤしまくってやろう。感情をそのまま受け入れる。そんな感じだ。

僕のなかにあるメンタルのイメージは「上下」だ。

メンタルは振れ幅で決まる

ウチダメンタル ✓2 エッセンス

よくいわれる「強弱」じゃない。
メンタルが強い・弱いで考えるより、上にあるか・下にあるか。そして大事なのは、上下する波線がなるべく大きく波打たないようにすること。

感情の抑揚を抑えることがいいパフォーマンスにつながると考えていた。

あの日の涙は、もちろんつらかったけれど、メンタルが波打たないためにとても大事だった。

メンタルの上下、その抑揚（振れ幅）を抑える――簡単にいえば、それがウチダメンタルの根幹だ。それができる人って〝心の幹が太い〟んだろうと思う。

さっきも書いたけど、メンタルはどうしても、「強い」「弱い」みたいな話が主流になる。僕も現役中によく聞かれた。どうやったら「メンタルが強くなれますか？」って。

逆にメンタルが強く見えるのは誰ですか？　って聞くと、決まって挙がるのが「本田圭佑さん」。「長谷部誠さん」とか「遠藤保仁さん」と言う人もいたかな。ちなみに、僕も強く見られているらしい。

イメージとしては理解できるけど、あんまりしっくりこない。

強弱でわけると、強い人が良くて、弱い人が悪い、みたいな感覚があるからだ。この説明もちょっとしっくりこないかな。**強い人はポジティブ（強気）、弱い人はネガティブ（弱気）、でどうだろう。**

確かに、みんなのイメージのなかで「強い」人の代表格である本田さんは、ポジティブだ。超ポジティブ。本当にポジティブ(笑)。サッカーに対してはもちろんのこと、ビジネスや社会問題など、どんなことでも常に前向きで熱いし、それを発信する力がある。

じゃあ、ハセ（長谷部誠）さんは？　ヤット（遠藤保仁）さんは？

確かにポジティブな面はあるけど、本田さんほど強気ではないし、何かを伝えようとするわけでもない。むしろ、冷静に淡々としている。

全然、タイプが違うのに同じようにメンタルが強いと思われる。その共通点は、振れ幅の小ささにあると思う。

いつもメンタルを一定の状態に保てる——よく医療系のテレビドラマで心電図がピーッとなって、まっすぐになると危篤状態になるよね？　あのピーッとまっすぐ線が伸びているような状態にできる人は、メンタルが強いと思われる。


じゃあ、本田さんとハセさん、ヤットさんでは何が違うかといえば、メンタルには「良い」「悪い」じゃない「上下」があって、イメージ的にいえば、本田さんは上部でメンタルを一定に保つことができて、ハセさんは真ん中で、ヤットさんは下部で保つことができる、というわけだ。

これが僕のメンタルに対するイメージ。

つまり、いわゆる世の中にあるメンタルが強い人・弱い人の行動は上下に対応していて、そこに良し悪し（一流とそうじゃない人の差とか、パフォーマンスのいい・悪い）は存在しない。繰り返しになるけれど、**一般的なメンタルの強い・弱いは、ここに差を持たせている気がしている。それが僕にはどうも合わない。**

大事なことは、どうしても上下してしまう感情の振れ幅を小さくすること。あるときは、本田さんのように「上部メンタル」になって、あるときは、ヤットさんのように「下部メンタル」になる。

サッカーにたとえていえば、試合前にすごく気合いが入っていて、「行こうぜ！」って自分も周りも鼓舞《こぶ》するんだけど、負けちゃうと「ドーン」と沈む。

こうやってさっきまで「上」だったの急に「下」になる、またちょっとすると「上」になる……**感情が乱高下するような選手は、プレーの波も激しくなってしまう。**それはやっぱりプレースタイルにも出るし、メンタル的にもろく見えてしまったりする。

もちろん、**僕にだって感情の波はある。でもそれを極力小さく、細かい上下で済ませる。**遠くから見たらまっすぐブレない、心電図のピーッて線のように見えるようにしていた。

さっき、モヤモヤしてるときは、「とことんモヤモヤしてやろうと思った」って書いたけど、そうやって考えるのもこの「振れ幅」のためだ。

うまくプレーができなくても、サッカー選手はしんどいのが当たり前だよねって考える。マイナスの感情を違う感情で無理やり補ってあげようとしたり、下げようとしたりしない。受け入れるわけだ。

振れ幅を極力減らす。
太い心の幹を作る。

僕はずっとそうやってメンタルを捉えている。

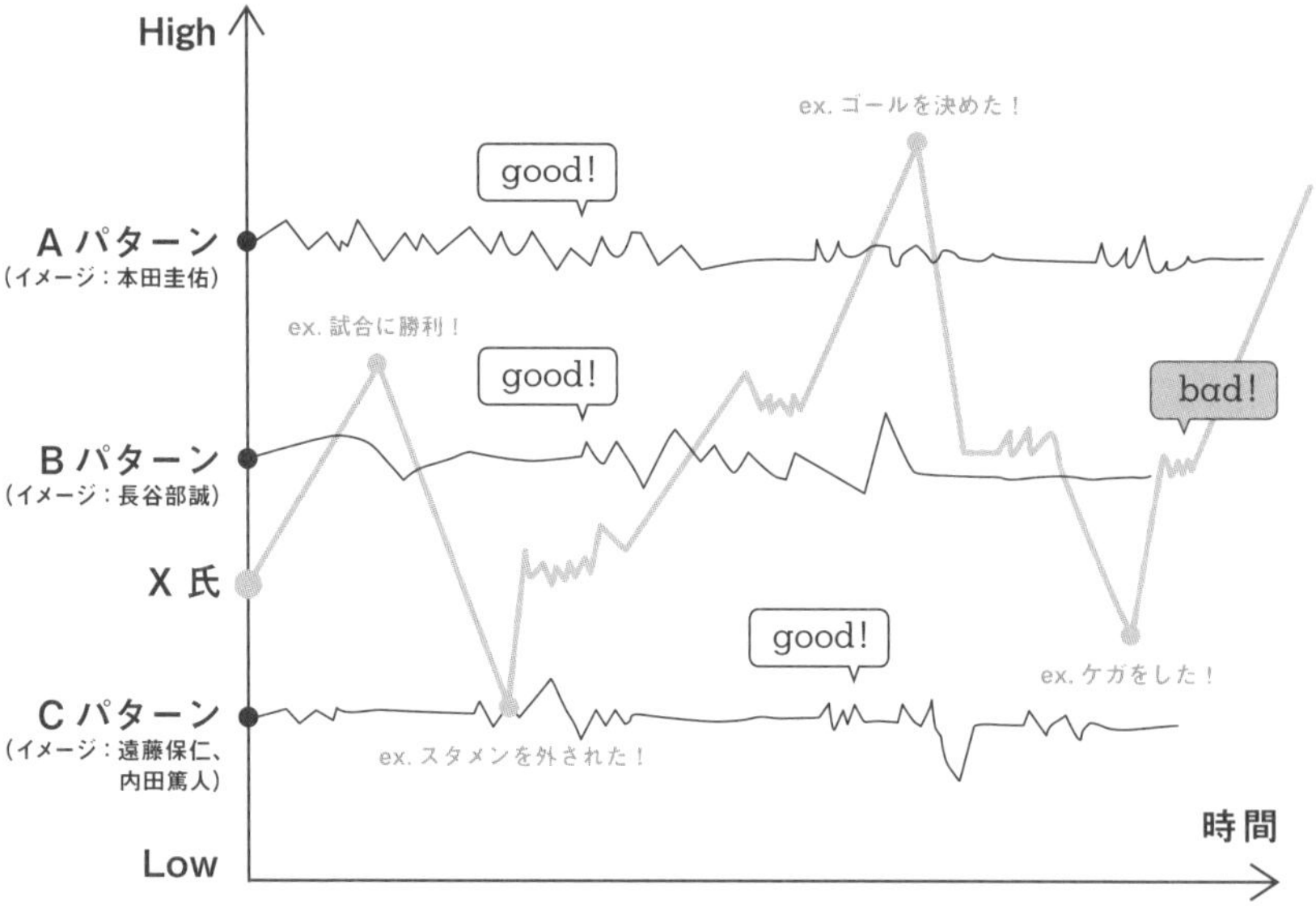

この図は、内田氏の証言をもとに編集部が作製したイメージ図です。本田圭佑選手は常に熱く強気で、それを表にも表現するタイプ。基点が上にあり、そのテンションをずっと保っている。長谷部誠選手はバランスをとれるタイプなので、熱い部分と冷静な部分を持ち合わせており、中間点が基点だと考え、遠藤保仁選手や内田篤人選手は熱い部分を内に秘め、淡々と戦うタイプ。それぞれ、多少の浮き沈みがありながらも振れ幅を極力減らしている。一方X氏のように、浮き沈みがあるとメンタルが擦り切れやすくなり、パフォーマンスも乱れがちだと、内田氏は考えている。

ウチダメンタル ✓3 メンタルが大事なワケ

「心技体」は「グー、チョキ、パー」

そもそもじゃあ、メンタルがなぜ大事なのか。

メンタル、精神、心。

いろんな言い方があるけど、自分のなりの捉え方を持つことがサッカー選手としてすごく大事だった。

なんでなのか、といえば、メンタルが仕事に影響を与えるからだ。

サッカー選手の場合、すべてはピッチの結果で判断されればいいと思っている。

いくらいい試合をしたって、素晴らしいパフォーマンスを発揮したって、チームが負けてしまったら意味がない。気持ちが入ったプレーだろうが、落ち着いていようが関係ない。勝つか負けるかで、賞賛されるか・批判されるかが決まる。結果がすべて。

ずっとそう思ってやってきた。

身も蓋《ふた》もないけど、プロだからそれはそうでしょう？

じゃあ、どこにメンタルが関係してくるのか。


「心技体」の順番について考えたことがあるか、と尋ねられたことがある。いわく、一流のプロスポーツ選手に話を聞いていると、その選手にとって重要な順で「心」と「体」と「技」を表現する人が多い、と。

例えば、メジャーリーグや広島東洋カープで活躍した黒田博樹さんは「体技心」の順番らしい。まず、「体」が良くなければ、「心」がついてこないから、と。

なるほど、考えたことがなかった。

じゃあ、自分はどうだっただろう、と振り返ると「心技体」は順番じゃないな、と思った。補い合うものであって、いってみれば「グー、チョキ、パー」の関係だ。もちろん、じゃんけんのね。

説明する必要もないけど、グーはチョキに勝てるけど、パーには負ける。パーはグーに勝てるけど、チョキに負ける。チョキは……というように、「グー、チョキ、パー」は全部がつながって、補い合ってじゃんけんを成立させている。どれが上、じゃなくて局面によって、誰が勝つか、誰が負けるかが決まるわけだ。

「心技体」も同じだ。

試合に入ったとき、最初のプレーはその試合のパフォーマンスを占ううえで重要な意味を持つんだけど、そこでピタッとトラップできた、つまり技術的にしっかりと対応できているときっていうのは、「心」の調子がいいからだったりする。

一方で、心が全然乗っていない日に、すごいいいキックが蹴れたことで気持ちが乗ってくるなんてこともある。この場合、技術が良かったから心が上がる。

技術的・コンディション的にいい状態じゃないとき、メンタルがしっかりしていれば、それを補ってくれるかもしれない。コンディションや、技術を向上させるきっかけを作ってくれるかもしれない。ひとつがだめだったときに、他の二つでカバーして、だめなひとつを良くしてくれる。どれかがいい状態であることで勝負ができる。じゃんけんのグー、チョキ、パーみたいな存在。

スポーツが語られるとき、「ひとつのプレーで一気に流れが変わる」なんて言われるけど、まさにあれこそがその象徴だ。サッカーでいえば、昔本田さんがゴールのことを〝ケチャップ〟って表現した。

得点できない日が続いていても、一度得点ができれば「ドバドバ」決まってくる。

これって一回決まったからメンタル的に解放された、と捉えられがちだけど、どちらかというと、その一回の得点をきっかけに、メンタルが向上することで、技術やフィジカル状況もともに上がっていくんじゃないかと思う。

だから心やメンタルは重要。

技術や、フィジカルと同じくらい、欠かしちゃいけないもの。それがあることで、結果を出す確率を高めてくれるから。

ウチダメンタル✓4 心の振れ幅が大きい人の3つの特徴

心の振れ幅が大きいと、状況に対応するのがめちゃくちゃ難しくなる。

チームの調子がいいときに、自分が「下」にいると波に乗れないし、調子が悪いときに「上」にいて空回りすることもある。

サッカーは特に、やってみなきゃわからないスポーツだ。90分のなかで必ずミス

があって、そういう予期せぬものが結果を左右する。『キャプテン翼』みたいに、きれいに崩して、戦術がはまって勝つ、なんて試合はほとんどない。

予想もつかないことを生業《なりわい》としているからこそ、「振れ幅」は諸刃《もろは》の剣だと思ってきた。僕の場合、なるべく「下」で保てるように、って。

そうやって自分なりに努力をしてきて、「保てない」人の特徴も見えてきた。大きくわけて3つある。

特徴① やらなきゃいけないことを作る

振れ幅を減らすために、「やること」を増やしちゃう人がいる。

ルーティンを作ったり、すっごい丁寧に準備をしたり、食事や睡眠に気をつけたり……心を整えようとしちゃう。

それって、逆にしんどくないのかな、って思っていた。

僕は、**振れ幅を少なくするために、やらないこと、適当さを身につけることが一**

番大事だと思っている。
現役中、寝る時間を決めたことがない。ソファーでゲームをしながら寝落ちしちゃうなんてこともざらにあった。（吉田）麻也とかは「絶対それを直せ」ってよく言ってたな。食事も同じ感覚だった。これも麻也に言われた。「ちゃんとしろ」って。

もちろん、最低限のラインはあったよ。栄養だって完全に無頓着ってわけじゃない。でも、だからってちゃんと寝て、食事はしっかり考えて、っていう枠にはまりすぎたくなかった。

プロフェッショナルとしてそれじゃだめ、って言われるかもしれないけれど、**僕はそうやって決めないことでストレスを感じないメリットがあった。**むしろ、決めすぎることのほうがきつかった。

さっきも書いたけど、大事なのは試合に勝つか負けるかだ。それは試合になってみないとわからない。結局、コントロールができない。じゃあ、無理にルールを決める必要はないし、自分にとって一番、試合にモチベーション高く臨める方法でいく。

実際、それで十分であることは何度も実感してきた。

試合前、特にそれが大一番だったりすると眠れないことはざらにあった。じゃあ、その翌日の試合でプレーがどうだったかというと、正直あまり関係なかった。眠れなかった次の日の試合で最高のパフォーマンスが発揮できたり、よく寝られたのに全然だめだったり。極端な例だけど、そういうことを何回も経験して、**「気にしないほうが、自分に合っている」**——心の振れ幅を少なくできる、と思った。

睡眠に関しては多くのアスリートが、何かしら課題を持っていると思う。試合前後はなかなか寝つけない。睡眠薬を使っている人も多い。もちろん睡眠は大事だから適度にしっかりとるほうがいいんだろうけど、コントロールできないものでもある。

コントロールできないのに、「昨日、寝られなかった、ヤバい」とか「全然、寝つけないぞ、困った」みたいな感覚に陥りやすい。心の振れ幅が大きい人の特徴だ。

だから僕はこう考えていた。

「よし、ちゃんと緊張してるじゃん」

寝られない、寝られなかった。試合に向けて準備できてるじゃん、と。

だから無理をして寝ようとか思わないし、そもそも寝なきゃいけない、とかこうしなきゃいけない、みたいなストレスを感じない方法をとるようにしていた。

それが心の振れ幅を保つときに役立ったのは確かだ。

結局「こうしなきゃいけない」って決めすぎちゃうと、ブレたときの振れ幅が大きくなってしまう。**自分なりの保ち方を検証することが必要だと思う。**

特徴② 感情が入りすぎる

心の振れ幅を保つために、最悪の想定をしておくことは有効だ。もう、ありえないくらい大げさに予測をしておく。実際に悪いことが起きても、良いことがあっても「なんだこんなもんか、大したことないじゃん」と思えるくらいに。

２０１４年のブラジルワールドカップ。日本中が「目指すのはベスト４だ、いや優勝だ」って言っているなかで、僕は「3戦全敗」を想定していた。

あのときは、コートジボワール・ギリシャ・コロンビアと戦ったんだけど、「良くてギリシャと引き分け」の2敗1分け。実際、そのくらいのレベルの差がある、と冷静に分析していた。

もちろんその結果でOKという意味ではない。

そのくらい「最悪の成績になること」を想定に入れていた、ということだ。そのうえで、勝利を目指す。それが僕のスタンスだった。

だから、自分がやってきたこと、成し遂げてきたことに「想定外」といえるものはほとんど存在しない。

「想定内」にすることは、言い換えれば、感情を入れすぎないようにすることでもある。

心の振れ幅が大きい人、上下動しがちな人というのは、感情を入れすぎる傾向がある。さらにいえば、「自分を追い込むために」みたいなことを言って、その感情を外に伝える、発信する、醸し出そうとする。

結果として、気合いを入れすぎることで「今まで通り」のパフォーマンスが出せない、うまくいかなかったときに大きく落ち込む、なんて経験をすることになる。

僕自身も、そういう経験をしたことがある。

だからこそ感情を入れすぎない。これが「心の振れ幅」を保つために実際にすごく役立つ。


ただこの方法は、さみしさと向き合わなきゃいけないというデメリットもある。

ずっと大げさに予測してきたから、本当に優勝したり、うれしいことがあったりしても、「こんなに頑張ってきたのに、こんだけしか喜ばないんだな、俺！」とか、「そんなにうれしくないじゃん、実際は」って感じちゃうんだよね。

プレーをするうえでは、心の振れ幅を保つことは重要だけど、感情の面でいうと、ちょっと悲しかったりする。それがウチダメンタル・メソッドのもうひとつの面だ。

特徴③　背水の陣で臨みがち

メンタルを上下させないために、絶対に持つようにしていたのが「プランB」だ。プランBを持つことには逃げ、弱気、そんな雰囲気がある。もっといえば、なんか「美しくない」。退路を断って物事に当たる「背水の陣」みたいなほうが、確かにカッコいい。

でも、それで不安が増えて、その場でうまくプレーできないようなら意味がない。美しくないと思われるなら、人に言わなきゃいい。プランBを持つことはそれくらいおすすめだ。

僕をよく知ってくれている人は、聞いたことがあるかもしれないけど、高校から鹿島アントラーズに入団した理由には、カッコいいチームだ、ここでやりたい、って思ったのと同時に、鹿島でうまくいかなくても、他のチームでできるだろう、っていう思いがあった。

つまり、Jリーグのなかでトップオブトップにいるチームで試合に出られなくても、拾ってくれるチームがある可能性が高い、と踏んだわけだ。

これが最初からJ2でプレーしていたら、そこで通用しなかったらプロサッカー選手人生が終わってしまう可能性がある。


打算的に思われるだろうけど、このプランBはすごく重要だった。もちろん、プランAで手を抜いていたら意味がない。**やれるだけのチャレンジをして、自分の力を最大限に振り絞る覚悟があるうえで、保険を持っておく**。そういう順番で考えた。

そうやって助言してくれたのは、母親だった。

当時、最後まで悩んでいたのがアルビレックス新潟と、鹿島アントラーズだった。アルビレックスは、最初に僕に声をかけてくれたチームだ。反町康治さんが監督をしていて、自分が生きる道もありそうだな、って練習に参加をして思った。

一方で鹿島は、〝スゲエな、こりゃ〟って感じだった。サッカーには「鳥かご」っていって、6人組でボール回しをする練習がある。4人が円になり、ボールをまわす。その中に残る2人が入って、ボールを奪えたら交代。鳥かごで、僕はボールに触れることさえできなかった。チンチンにされて、遊ばれて……、ってこの状態は実は、入団して3年目くらいまで続くんだけど(笑)、まあとにかく、うまい人ばっかりで自分が試合に出る姿は想像できなかった。

鹿島に決めたのは、アルビレックスと鹿島の練習試合を観《み》に行った日だ。鹿島はアルビレックスを完全にやり込めた。スコアは5対2だったかな……、その試合を観た帰り、運転をしてくれている母親に「鹿島に決めた」って伝えた。

そうしたら母が言った。

「鹿島で頑張って、出られなかったら他に行けるかもしれないじゃない」

なるほどなーって思ったことをよく覚えている。

プランB。それがあるだけで、勇気を持てるし、その場でもうちょっと頑張ろうと思える。


シャルケを退団する、って決めたとき、鹿島アントラーズに復帰する、という選択肢があった。鹿島のフットボールダイレクターの鈴木満さんは、毎年のように「そろそろ戻ってこないか?」と連絡をくれていた。

僕の身体の状態は、一進一退で、シャルケでもなかなか試合に出られない状況だった。ロシアワールドカップを翌年に控えていて、なんとしてでも試合に出なきゃいけない。まだできることをアピールしなきゃいけなかった。

あのときは結構、悩んだ。ちょっと前に、ドイツで一緒に頑張っていた清武弘嗣がＪリーグに復帰していた。清武も、ケガやサッカースタイルに苦しんでいて、海外にも移籍先があったはずなのに、日本に戻った。

清武に言われた。

「俺は、負けたっす。もう日本に戻りたいって」

一回、日本に帰るって選択肢が頭に浮かぶと、もう離れることができない。海外はそのくらい大変で、日本はそのくらい魅力的なんだよね。めちゃくちゃ気持ちがよくわかった。

清武はさらに言った。

「アットくんは、負けないで」

そういう言葉もあったから、もうちょっと海外でやりたいって思った。そうして、アッキーに移籍先を探してもらって、（ＦＣ）ウニオン・ベルリンでプレーすることに決めた。

あのときも、鹿島というプランＢがなければ、踏ん張れなかったかもしれない。鹿島には失礼に聞こえるかもしれないけど、そんなところでも支えてくれたのが鹿島だったというのが僕の思いだ。

人は誰だって苦しいときに、何かにすがりたくなる。

そういうときのために、プランBを用意しておく。


ウチダメンタル✓5「振れ幅」が少ない人ってどんな人？

一番似ているのは岡崎慎司

さっき、メンタルの上下で本田さんや長谷部さんを例に出した。

僕は下のほうでなるべく一定の心でいられるよう心がけてきた。そのメンタリティが誰に似てるかな、って考えると岡ちゃんだと思う。

岡崎慎司。日本代表でもずっと一緒にプレーしてきた、あの「岡ちゃん」だ。

サッカーをよく見てくれている人は、「え、似てる？」って思うのかもしれない。岡ちゃんの代名詞はダイビングヘッドで、泥臭い仕事をする、それでいて結果を出すストライカー。

そうやって比較すると、少し似ているって思ってもらえるかな。僕はサイドバックというポジションにいたけど、運動量をもって上下動をして、ゴール前を泥臭く守る。機を見て、攻撃に参加して得点に絡む。

まあ、プレースタイルは人によって評価がわかれるからそこはいいか。

岡ちゃんは、芯が強い。本田さんや長友（佑都）さんと同年代で、日本代表の中心に居続けていたこの３人は日本サッカー界の象徴ともいえる。本田さんはみんなもよく知る通り、サッカーだけじゃなくて、ビジネスや社会へのメッセージを絶えず発信していて注目される。

日本代表時代は、本当に熱い思いを持ってどうすれば日本サッカーが強くなれるか、みんなに発破をかけていた。

長友さんは、そういう意味で本田さんに似てる。リトル本田は長友さんなんじゃないかな(笑)。二人とも、語るのが好きだ。もっとみんなでこうしようよ、って発信するタイプ。熱い話、そしてそのキャリアは群を抜いているから、周りはなかなか意見できなかったりする。悪い意味じゃなくてね、「ああ、そうだよな」って納得しちゃう、という感じ。

そんななか、同い年の岡ちゃんは、はっきりと「NO」と言える。自分の意見と違うことがあれば、「それはちゃうと思うわ」って、その考えを伝えることができるのだ。一本筋が通っている、それが岡ちゃん。

ブンデスからプレミアに移籍して、そこからスペインに。国が変わっても、岡ちゃんは自分のスタイルを崩さない。絶対に「ニア」に飛び込む。いつも全力でプレスバックする。きっと葛藤はあると思う。

言い方を変えれば頑固で、自分なりのメンタルが確立されている。嫌なことでもチームのためなら、その思いを押し殺して〝それ〟をすることができる。

そういうところは僕に似ているなってすごく思う。決して目立つことを好むわけじゃない。でも、人の目もちょっと気にする。だからって、やり方を変えるわけじゃない。

©aflo

と、自分をいいように解釈して書いてきたけど、岡ちゃんと僕の一番似ているところは、自分を律することができないところかな（笑）。

食事に気を使えない、アスリートらしい生活ができない、加えて靴下を左右違うのをはいていたり、寝間着の上に服を着て練習に行っていたこと、そういうところもたぶん、似てる（笑）。

そういえば、僕は試合のユニフォームのズボンを反対に履いて出たことがある。あれって緊張してたのかな。あとにも先にもあの一回だけ。誰にも気づかれていなくて良かった。

ウチダメンタル✓6 ウチダメンタルの身につけ方

人を見て知る

心の振れ幅を保つ、強い・弱いじゃなく、上か下。心の幹をドーンと太く。その大切さがはっきりわかり始めたのは、シャルケの1年目か、2年目か……そのくらいだった。

高校まではとにかく純粋なサッカー少年。

鹿島アントラーズに入ると、常勝軍団のスタメンとしていきなり抜擢《ばってき》された。高卒で鹿島に入った選手の開幕スタメンは、クラブ史上初で、いまだ僕だけらしい。

翌年には栄誉ある背番号2を引き継ぎ、日本代表デビューも果たした。その日本代表では2010年に大きな「心残り」を体験することになる。これはのちほど書きたい（たぶん、僕をよく知ってるみんなが思っていることと違う）。

そしてドイツへ。21歳でまさか自分が海外でプレーしているなんて思わなかった。

デビューした年に、チャンピオンズリーグを経験し、ラウール（・ゴンザレス）や（クラース＝ヤン・）フンテラールといった世界的な選手ともプレーができた。

密度の濃い怒濤《どとう》のような日々を送っていくなか、メンタルはといえば、まあずいぶんと上下したんじゃないかな、と思う。

僕だって最初から斜《はす》に構えていたわけじゃないんだよ(笑)。

この時間のなかで、ちょっとずつ心の振れ幅を保ったほうが良さそうだ、ときにはメンタルのスイッチをオフにしよう、と自分なりの方法を作り上げた。

どうやってそれに気づけたのか、それをこの章の最後に書いておきたい。


このあと書くことになるけど、どっちがカッコいいかな、と考えることが僕にとってひとつの判断基準になっていた。ファッションセンスはないし、寝ぐせで試合に向かう人間が何を言うんだ、と思うかもしれない。そこは、興味がないから仕方がないけど、カッコいいとはそういうものじゃなくて、生き方、姿勢の問題だ。

鹿島に来てから、小笠原満男さんをはじめとするプロ集団にスゲエ、カッコいい！　って純粋に憧れた。最初は、「俺もこうなりたい！」って、思った。

満男さんを見て、先輩を見て、代表の選手たちを見て、「この人は、こういうときこういうプレーをするのか」「こういう振る舞いをするのか」「へえ、そうやってメディアに答えるんだ」って、後ろから眺めていた。

サイドバックってそういう姿が見えるのがいい。そのクセからか、なんか一歩下がったところから見ていることが多かったと思う。

すると徐々に、「この方法、俺じゃできないな」とか「それってカッコ悪くない？」って思うようなことに出くわすことになる。これ、その人たちのことをディスってるわけじゃないからね。自分と違うな、って思うようになるってことで、否定しているわけじゃない。

そうして、どちらかというと「ああなりたい」より「ああはなりたくない」が自分の生き方の指針になるようになった。

移籍します！　って大々的に発表したり、ＳＮＳで過剰に情報発信をしたり、ってそういうことはしたくない。槙野（智章）ごめんね、俺には無理（笑）。

メンタルについても同じだ。

いっつも気合満点、最高に気分を高めてビッグマウスで向かうタイプにはなれないし、なりたくない。

勝って喜び、負けて落ち込む、メンタルがすごい揺れる選手にはなりたくない。じゃあ、メンタルは下でいいから、そこで保ち続けられる選手になろう。そっちのほうが、自分のポジション的にもいいし、パフォーマンスも安定する。

「ああなりたい」より「ああはなりたくない」。

その指針を持つようになって、特に自分の心の振れ幅を保てるようになったと感じている。今の時代は、「ああなりたい」「こうしたいんです」「あの人みたいになりたいです」って言葉が溢《あふ》れている。

それはそれでもいい。

でも、ポイントはそこじゃないんじゃないかな、とも思う。

誰かになることはできない。自分は自分でしかない。

ああなりたい、と思うことは大事だけど、そのとき「自分なりの、ああなりたい」じゃなきゃいけないと思う。そのヒントは、人を見ることだ。

たくさん見て、経験して、話をして、「ああなりたい」「ああはなりたくない」って感じる。そこにこそ、心の振れ幅を保つためのヒントが詰まっている。

第2章

ウチダメンタルで得をした、3つのこと。

「振れ幅」をなくす「ウチダメンタル」を作っていくことで何が良かったのか。どういうふうになれたのか。

考えてみると、ざっと３つある。どれも、サッカーだけじゃなくて僕自身の人生をいい方向に導いてくれているように思う。

1. サッカー選手として後悔がない

引退会見で「現役時代に後悔はありませんか？」って聞かれて、「考えればあると思いますが、考えないようにしている」と答えた。あれから時間が経《た》って、やっぱり後悔はないな、って思っている。

とはいえ、後悔のように見られそうなことはいくつか思い当たる。

例えば、２０１０年の南アフリカワールドカップでスタメンから外されたこと。

実際、あのときの自分の状態について、ちょっと前まで「後悔」だって思っていた。

でも今は、あれは後悔じゃないな、「心残り」だな、って思っている。

後悔はパワーにならない。でも**「心残り」は、その「残っている」部分が、自分の糧《かて》になり、そこからパワーが生まれるような気がしている。**

だからこそ、シャルケで頑張れたし、ブラジルワールドカップにもこだわれた。

心の振れ幅が大きいと、継続することが難しくなる。

今日は試合に出られた・出られなかった、とか、調子がいい・悪い、とか、毎日同じようなリハビリがつらい、とか……。

そういうことは日常的に必ずある。あるからこそ、それに合わせるようにメンタルが上下してしまうと、続かない。「良くない時間」にばかりに目がいってしまい、ついにはやる気が起きなくなったり、簡単な方法に飛びついてしまったりする。

長い間、リハビリをしてわかってきたことがある。

膝の状態が良くなくて、それ以降は筋肉系のケガを繰り返した。原因となった膝をしっかりと治すことが根本だ、そのためならなんだってする、って、全国のいいと聞くお医者さん・トレーナー・施術師さんのところへ飛び回った。

そしてあるとき、本当によく効くというマッサージ師のところへ行った。

信頼する人が「いい」って言うから一回試してみようと思って。実際、その信頼する人は施術の効果を実感していた。

結論からいうと、僕には合わなかった。ちょっと触っただけだったし。もちろん、この方の実績は疑いようがないし、素晴らしい技術を持っているんだと思う。ただ、これまでさんざん、いろんなところで治療をしてきて、ちょっと触っただけで治るようなケガじゃない、僕はそう思った。

でもね、僕と同じ状況で、あれだけ簡潔に「これで大丈夫だ」って言われたら、信頼したくなる気持ちもわかるな……って。

きつい状態、大変な日々から抜け出したい。誰だってそう思う。リハビリなんか早くやめて、ピッチに戻りたい。だから、何かを信じたくなってしまう。それが自分に合わないものであっても、合ってる、いけるってお墨付きをもらいたくなっちゃう。

僕はこういうときに、メンタルを上下させないことで踏みとどまることができた。いや、これは根本的な解決になっていない、治ってないよ、って。

そうやって積み重ねてきたから、「後悔」しなくて済んだんだと思う。

ウチダメンタルは、そうやって後悔をしないように踏ん張る力を発揮してくれる。

僕が現役時代に開催されたワールドカップは三つある。

ひとつが南アフリカワールドカップ。心残りを作った。

もうひとつがブラジルワールドカップ。最後までこだわって、全試合に出場した。

そして、ロシアワールドカップ。結果的にメンバーに選ばれることができなかったけれど、僕はメンバー入りに徹底的にこだわっていた。絶対に出たい、って思っていた。

実は、当時日本代表の監督だったハリル（ヴァイッド・ハリルホジッチ）さんに電話をしたことがある。

シャルケからウニオン・ベルリンに移籍し、そのウニオンでもケガがちでなかなかフルメニューすらこなせない日々が続いた。ようやくリーグ戦復帰のめどがたった、その数日前の練習でまた肉離れを起こす。――またか。

ウニオンに移籍したのはシャルケ時代から慕っているイェンス・ケラーが監督だったことが大きかった。でも、彼が解任され、そんなときに起こった肉離れに危機感を持った。

「このままだったら、日本代表に呼ばれねえじゃん！」って。

その日、津村（尚樹）さんという日本代表のマネージャーに電話をした。ハリルさんと話をさせてもらえないか、って。ハリルさんに聞いたのは、日本に戻っても代表に入れる可能性はあるのか、ということだった。

ハリルさんは、電話で言った。

「このままじゃだめだけど、でもカテゴリーは関係ない。お前がプレーをしたら絶対に呼ぶから」「膝はもういいんだろ？」

筋肉系のケガが多いって伝えると、「どこでやっていてもいい、とりあえず試合に出たら呼ぶ」。じゃあ日本でもいい？　って聞くと、「それはどこだっていい、とりあえずプレーしろ」って。

そうして鹿島に戻ったけど結局ケガの状態は安定しなかった。

でも、一度たりとも、もう無理だ、諦めようって思うことはなかった。心の振れ幅が一定であることで、力を養え、最終的に後悔することのない日々を送ることができるようになる。

ちょうど同じ時期、同じ境遇《きょうぐう》にいたのが清武だった。ロシアワールドカップを目指して、セレッソ大阪でプレーしていたんだけど、Jリーグ開幕前にケガをし、復帰してまたすぐケガをした。それが、代表選手発表の3週間くらい前だったかな。

清武から連絡があった。「もう無理だわ、ここでケガをしたから（ロシアワールドカップは）絶対に間に合わない」。気持ちはものすごくよくわかった。だから言った。

「お前もこの2、3週間だぞ。今後、なんであそこで諦めたんだろうとか思うようなことするなよ、ここまで頑張ってきたじゃん、一緒に」

お互いケガの多い二人だった。いい治療器具があれば「これいいですよ」とか、「この人いいですよ」って教えてくれた。だからこそ、諦めてほしくなかった。

「ここまできて諦めるって（ない）。発表されるときに全部やって、これ以上もうできないってとこまでやってからやめようぜ」って。

ご存じの通り、僕も清武も日本代表に選ばれなかった。監督はハリルさんから西野（朗）さんに代わっていた。代表が発表され、ロシアではプレーができないってわかった日。清武が、ＳＮＳを更新して、こう書いていたという。

「僕は選ばれる事ができませんでしたが、名古屋戦で怪我をしてしまい、発表前には治らない怪我を、チーム、スタッフ、そしていろいろな人のおかげで発表の日を、復帰した元気な姿で迎える事ができました。本当に感謝しています。もちろんサッカー選手としては悔しいですが、やれる事は全てしたのかなと後悔はないです。」

後悔はない。

決してウチダメンタルのおかげ、とは言わないよ（笑）。

2.
自分なりの見方を身につけられる

こうやってメンタルを捉えるようになって、変わったのは人の見方・ものの見方だと思う。もともと、斜に構えているところはあったけど、でもね、高校生のころまではマジで純粋ないい子だったんだよね。周りの人は信じてくれないかもしれないけど。

鹿島に入り、日本代表にも呼ばれ、いろいろな経験をしながら僕は、自分なりのメンタル管理法を身につけていった。

そして、それに合ったものの見方ができるようになってきた。

もともと、サイドバックって「隅っこ」のポジションだから、人とは違ったサッカーや姿が見えるのかもしれない。


言いたいことをサラッと言う。そんなふうに指摘されたこともあったけど、ものの見方がちょっと人と違うのかもしれないし、そういう見方で感じたことをそのまま口にするからじゃないかな、って思っている。

前にも触れたけれど例えば、アスリートとして自分を律する、ということ。

規則正しい生活をして、栄養バランスを考えて、しっかりとした睡眠をとる。自分と厳しく向き合うのがアスリートの務めだし、大事なことだと思っている。鹿島に入ってから、最初のうちはちゃんと「自分を律する」ことをしていた。でも、さまざまな経験をしていくうちに、それじゃあつまんない、縛られたくないって思うようになった。それから、少しずつ自分のやり方を変えていった。試合前はしないけど、それ以外の日だったら夜更かししてゲームをしてもいい、とか、遊びに行ってもいい、とか、自分で最低限のルールを決めながら、ストレスを感じない方法を選択した。

大事なのは結果であり、勝利だ。夜遅くまでゲームをする日が続いて試合に勝てなかった、パフォーマンスが悪かった、としたら、そのときにそのスタイルを変えよう、って考えるようにした。

必然的に、言葉もそうなっていく。そもそも差しさわりのない、嘘《うそ》っぽい言葉が嫌いだから、思ったように言ってしまう。サッカー選手として、夜更かししてるのは良くないんじゃない？ とか、女の子と遊びに行くのは我慢したら？ なんて聞かれたら、「いやー、関係ないでしょう。そこで我慢してプレーが悪くなるくらいだったら、そうじゃないほうをとりたいって僕は考えます。もし、結果が出なかったら、変えなきゃいけないけどね」って。

こういう例は、いっぱいある。引退後に日本代表ユースでJFA ロールモデルコーチをしていたとき、海外に行くことになった選手が顔を出した。みんなで迎えて、言葉をかけていたんだけど、スタッフの一人が「海外に行きたければ言葉の勉強もちゃんとしなきゃだめだぞ」って話をしていた。

ドイツで7年半プレーした僕は、ドイツ語がわからない(笑)。レベルでいえばミーティングの内容が理解できる、サッカーをするうえでは問題がない、くらいで一人で外に出たら、確実に困るレベルだ。

だから、そのあとに言った。

「言葉は関係ないぞ」って。

すぐに、スタッフたちが「こいつは例外だ！」って笑って突っ込まれて、その子には「お前は長谷部を目指せ！」って言っていた。すごい機転だし、確かにそっちのほうがいい(笑)。

でも、「海外で活躍するためには言葉・コミュニケーションが大事」っていう、いつからか当たり前のように言われていることも、僕の見方では、「そうでもないけどなあ」となる。

「言葉が大事」、その心は？　と言われれば、監督の言うことや思っていることをきちんとわからなきゃ、使ってもらえない・ピッチでいいプレーができない、ということだと理解している。

メディアでも日本人選手が海外に移籍してなかなか試合に出られないと、「言葉の壁」とか「コミュニケーション不足」が要因みたいな書かれ方をするから、そういうイメージがついてるのかもしれない。

実際は、僕が知る限り、うまければ使われる。チームを勝たせる働きができれば、試合に出られる。そこに「言葉」は関係してこない。

確かに、向こうの監督が「彼とはコミュニケーションの部分で問題があった」みたいなことを言うことがある。あれはその監督なりの優しさだと思う。選手に伝わったときのことを考えて「言語が」「コミュニケーションが」って言ったほうが傷つかないから。本当のところは、使いたいと思えるほどのものがなかった、が正しいんじゃないかな。

そういえば、さっき僕と似てるって書いた岡ちゃんは、スペインも2年目になるけど、ほとんどスペイン語を理解していない。「ビエン、ビエン（いいですね）」って言ってればなんとかなるでしょ、って言ってた(笑)。その感覚、めっちゃわかる。

東日本大震災のときも、復興のためにアスリートがたくさん言葉を発していたし、コロナ禍になってからも同じようなメッセージが溢れた。どれも、思いを持って放たれた言葉だと思うけど、なんか本心が伝わらない気がする。

満男さんに連れていってもらった被災地。実際に目で見た光景は、思っていたのと違った。多くのサッカー選手が足を運び、「プレーで勇気を届けたい」って言っていたけど、僕は全然そう思えなかった。「起きなきゃよかったのに、って思った。サッカーを見ることで少しでも震災を忘れる時間になればいい」、そう答えたのは、本心だ。

コロナ禍でも、「練習ができない子どもたちのために」って、トレーニング動画とか、リフティング動画をSNSにあげる選手たちを見て、「いや、『勉強しなさい』って言え」と思っていた。緊急事態宣言のときなんか特に、先行きが見えなくて、プロになれるかもって選手にとっては大きなハンデになるほど、練習ができなかったはずだ。じゃあ、何をすれば助けになるかって、勉強でしょう。

サッカー選手になれるのはほんのひとにぎり。よく学校訪問でも、「プロサッカー選手になりたい人」って聞いて、手を挙げた子たちに「待ってるよ」とか「頑張れ」って言うでしょ。僕はだいたい「全員無理だと思うよー」って言う。そこで「内田、うぜえ」「絶対、なってやる」って思うくらいじゃないと、サッカー選手にはなれないし、その先もない。

でも、勉強は絶対に将来、身を助けてくれる。少なくともサッカーよりは助けてくれる。だから、こういうときは「勉強しろよー、今のうちに」って、僕だったら言う。

SNSをやっていない僕は、好き勝手言えるからずるいのは自覚してるよ(笑)。

心の振れ幅を保つこと、特に僕は下（サッカーでいえば、サイドバックの隅っこ）のほうからじっと、世の中や人を見ることができるようになって、そこから見えたことを、正直に口にできるようになった。

決して、僕が言ったように考えろ、ということじゃない。海外でプレーするために語学を必死に勉強するのも、リフティング動画をあげるのもＯＫだ。

そこに自分で考えた、自分の意見や判断、基準そして感覚を持っていれさえすればなんだっていい。ウチダメンタルは、そういう自分なりの見方ができる一助になっている。

3. 一目置かれる存在になれる

上下にブレない、それでいて「メンタル下部がベースのタイプ」の人が少ないのかもしれない。そうこうしてるうちに、内田篤人は、いろんな人に知ってもらえる存在になれた。ありがたい限りだ。

サッカーで語られる数字だけを見れば、僕よりすごい人はいっぱいいる。14年間プレーをして得点数は4点しかない。日本代表では2点。ポジション的に、インパクトのある数字は残せていない。でもだからといって、どっかでエッジを利かせて目立ってやろう、という気にもならなかった。

だから、ウッチーのユニフォームが完売したよ、とか、すごい人気だよね、って言われても、うれしいけどピンとはこない。きっと、僕は、そこらへんにいそうな人間なんだろうな、って思う。近くにいそうでしょ、こういうやつ。

本田さんとか、長友さんなんて、絶対、近くにいそうもないじゃん(笑)。

これもウチダメンタルのひとつのお土産だ。

何かに優れているわけじゃない。

すごい数字を出すわけじゃない。

ケガだって多いし、不摂生だし、全然ちゃんとしていない。

そういう近くにいそうなやつが、人に注目してもらえて、サッカーを長くやらせてもらって、最高峰の舞台も経験させてもらった。

何度も言う通り、心の振れ幅を保つことは、そういう人生を手に入れることに役立った、って僕は思っている。

確かに、人に注目されるのがうっとうしいな、と感じるときもある。でも、それ以上にたくさんの力をもらえたし、なんだか身近だな、と思ってもらえることで得したこともあったのだと思う。


とっつきにくいよりは、とっつきやすいほうがいい。

実際の僕は、とっつきにくい部分があるだろうし、僕自身、付き合いたくないなって思う人とはまったく付き合わない。

嫌なことは嫌、ってタイプだからね。

食後のコーヒーとか飲んでまで話をしてるのとか、好きじゃない。「お先でーす」って帰るタイプ。わがままだけど、注目してもらえる・一目置いてもらえると、許してもらえるようになる。

内田らしいなあ、って。

自分で言うのもなんなんだけど、ウチダメンタルはそうやって、ちょっと人とは違ったとしても、わがままだとしても、許してもらえるようになる。それだけでも、僕は良かったと思っています。

第3章

ウチダメンタル・キーワード

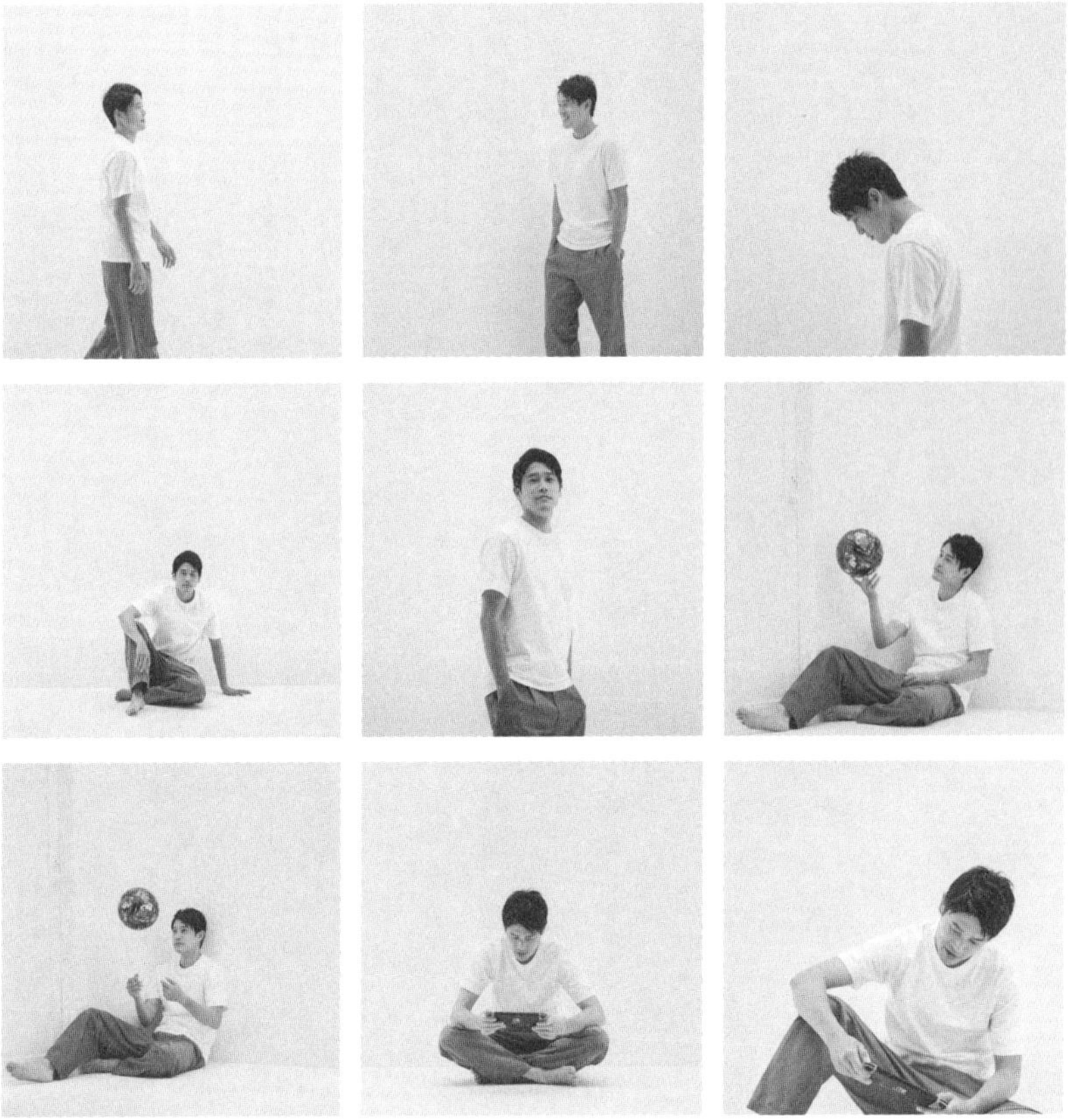

時代はどんどん変わる。

サッカー界では海外に出る選手はどんどん増えて、その年齢はぐっと低くなった。同じように、社会も、人もいろいろと変わっていくんだろうと思う。僕も、それに合わせなきゃいけないところはたくさんある。

一方で、なんとなく残しておきたいもの。それが自分のパーソナリティであり、その根幹にあるウチダメンタルだ。

実は「本にしない?」って言われるまで、自分のメンタルについてここまで真剣に言語化したことはなかった。でも、今回、取材を受けながら自分の頭を整理していると、やっぱり変わらないものがあるんだなって感じた。

ここでは、そんなキーワードについて紹介していく。ウチダメンタルを理解してもらう一助になると思う。

根性

やっぱり必要なもの

ヨーロッパで長い時間プレーしている日本人選手を見ると、純粋に「すっげえなあ」って思う。だって、あのヨーロッパだぜ、って。

（川島）永嗣さん、長谷部さん、麻也に（香川）真司、岡ちゃんに長友さん、本田さんなんかもそう。本当に根性あるんだよね、あの人たち。

海外でプレーする選手が増えた。その分、すぐに帰ってくる選手も増えた。だからこそ、長くそこに居続ける選手たちの価値はもっと知られていいと思う。特に、5大リーグ（イングランド、スペイン、イタリア、ドイツ、フランス）でプレーする選手たちはそうだ。

ときどき、そういう選手に共通するものは何かって聞かれたりする。いろいろあるんだろうけど、最終的には根性なんじゃないかなと思う。こう言うと、古臭くて時代錯誤だって思われるんだろうけど、**根性は絶対に重要だ。**

異国の地でプレーするだけじゃなくて、生活をする。本当にタフじゃなきゃ無理だった。わかりづらければ想像してみてほしい。一歩外に出れば、言葉が通じない、食事が違う、生活サイクルが違う、文化が違う、概念が違う。

サッカーをする分にはどうにかなっても、それ以外でも適応しなきゃいけないわけだから、一筋縄ではいかないよね。

　そこで踏ん張れるか・踏ん張れないか、折れるか・折れないかは、外国でプレーするうえで成否をわける。別に外国でプレーすることがすべてじゃないんだから、そこで成功か失敗かを語る必要はない。けれど、外国でプレーするうえで、根性が必要で、長い間それができている人は圧倒的にすごい人たちだ、ってことは確かだと思う。

理不尽

おにぎりはおかず

根性とかそういう言葉を発することがはばかられるようになった。時代は変わったんだ、って思うことは多い。
　特にU－19のJFA ロールモデルコーチをしていて、若い選手と接すると「おおー、本当に全然違うぞ」って実感するようになる。

その違いに、自分の経験と比べてみて「うらやましいなあ」と思うこともあれば、「(自分のほうが)恵まれていたな」と妙に納得することもある。

後者についていえば、例えば「理不尽を経験してきた」こと。

これは、圧倒的にあって良かったな、と思うことだ。

あ、だからって全然、今の子たちに僕が経験したような理不尽を経験しろ、とは言わないよ。僕にとってはあって良かったもの、ということ。

たぶん、プロになったどの選手に聞いても、「理不尽があった」って言うし、「振り返ってみればそれが良かった」って言うと思う。今回の本で対談させてもらった中田英寿さんも「たぶん、人生で一番トレーニングをさせられたのは、高校の部活動だったと思う。プロよりも。今は、やってはいけないことがいっぱいあるだろうから、やれないだろうけど、絶対に必要な練習だった」って話されていた。

これって本当に難しい。

僕は高校時代を本当に楽しく過ごさせてもらった。部活で先輩からいびられるようなことも一切なかったし、純粋に頑張るぞ！　って思えていた。いい子だなあ。

いつからこんな性格になったのかわからないくらい(笑)。

ただ理不尽はあった。

僕のいた清水東高校は、サッカーの名門だ。FC東京の監督の長谷川健太さんや、武田修宏さん、堀池巧さんなど、数えたらきりがないくらいの日本サッカーを代表する選手が在籍していた。高校選手権（全国高校サッカー選手権大会）でも優勝1回、準優勝3回！　すごいよね。

そんな強豪校だから、練習も厳しかった。もう、走れないってくらいまで走って、そこから「まだ走るよー」とか、マジかよ！　って思ったし、自陣のゴールから相手のゴールまで全力で走って、先生からめちゃくちゃ速いボールを蹴られるんだけど、それを受けてクロスを上げる。そのまま戻って、同じことをやる、みたいな「意味、わかんねえ！」くらいきつい練習がいっぱいあった。振り返って笑えるのは、「ご飯をおかずにしておにぎり3個食え」って指令だな(笑)。

いびられなくても先輩は怖かったし、上下関係も厳しかった。1年生のときは3年生と話した記憶がない。下級生が集められて説教されたこともある。

まあ、そのころは一事が万事そんなふうだから、何にも疑問にも思わなかったし、実際楽しかったんだよね、心から。

どれくらい楽しかったかといえば、やめようとか、練習に行きたくないって一度たりとも思わないくらい。「普通でしょ?」って思うかもしれないけど、朝練は、毎日4時起きだった。静岡県田方郡函南町の僕の家から、清水東は通学に1時間半かかる。駅まで車で送ってもらって、電車で1時間。それでも全然苦にならなかった、って言えば、ちょっとはわかってもらえるかな。

それにしてもお母さんが一番大変だったよなあ、本当に迷惑をかけました。

ともかく、そんななかで思うのは、理不尽な怖い先輩であり続けるのはひとつ、ポイントだったな、ということ。

なんか理に適《かな》っているわけじゃなかったんだけど、先輩が言うからその通りにする。合理的でもなんでもない、なんで? って思うことでも、先輩が怖いからやらなきゃいけない。

やったことって、あとあと「良かった」って思える。

もしかすると、そうじゃない人もいるかもしれないけど、生《い》かすこともできたんじゃないかな、と思ってほしいな、とは感じる。

僕はそれが生きた、と実際にその理不尽さの良さを感じたから。

と書きながら、やっぱり難しいなー、このキーワード。そういうことに耐えられるメンタリティを持っていないかもしれないし、33歳のおっさんと今の若い子ではやはり捉え方は違うからなぁ。

マガト

軍隊式練習

理不尽や根性が生きた象徴的な出来事は、ドイツに行って1年目にあった。監督のマガトは名門、（FC）バイエルン・ミュンヘンや（VfL）ヴォルフスブルクを優勝に導くなど、功績も大きい人だったけど、どちらかといえば、とんでもない練習を課すことで有名だった。実際、それが嫌で出ていったスター選手もいっぱいいるくらいで、日本では、長谷部さんも一緒にやっているけど、あの人が「異常」って言ってたくらいヤバい。

マガトの練習はドイツで「軍隊」っていわれていた。戦術とか、技術とかそういうものを磨くより、とにかくフィジカルトレーニングばっかりをさせる。

プロサッカークラブは、だいたい試合時間と同じくらいの1時間半程度の全体練習があって、それ以外は個々に任されることが多い。シーズン中は疲労もたまるから、その一回の練習、いわゆる「一部練」が主流だ。

これを午前・午後と2回やったりすると「二部練」といわれて、選手からは不満の対象となる。きついよ、って(笑)。実際、二部練は、キャンプとか、低迷しているときとか、監督がシーズン途中で代わったとか、そういうときくらいしかない。

マガトの場合は、それが「三部練」のことがあった。しかも、その日にならないと何部練なのか、いつ終わるかわからない。何より、練習の内容がもう、走るわ走るわ。綱を登ったり、これ、サッカー関係あるの？　っていうくらい身体を鍛える。マガト自身も何も言わないから、超怖いし。

シャルケに移籍が決まり、マガトがヤバいっていうことは聞いていた。それこそ長谷部さんや、代理人から。実際、ヤバかったんだけど、周りの選手が不平不満を言うなか、僕はなんとかやれたんだよね。若かったというのもあるのかもしれないけど。

そのとき感じていたのが、部活のほうがきつかった、部活を経験していて良かった、ということだった。

特別な例かもしれないけど、残念ながらどこかで理不尽だと感じることには出会う。そのときに、それを糧にできるかどうかは、自分次第だし、そういう意味でも高校生活で理不尽な経験をしていた意義はあったと思っている。

外国人メンタル

頭か心か

よく、日本人のメンタルって外国人選手と違う？　って聞かれる。

まあ、それは違うよね、と思う。

じゃあ具体的に何が違うのか、と聞かれるとめちゃくちゃ難しい。

サッカーだけで考えれば、その違いは重要ではなくて、そういう「違いがあるなかで」、どう戦わなきゃいけないのか、と考えるほうが重要だった。

だって、メンタルが違うってことは、捉え方や考え方が違うってことでしょ。僕ら日本人には想像もつかない、理解できないことをするわけだ。そりゃあ、難しい。

再三言うけど、だから外国人選手がスゲエ、ドイツはスゲエ、となるわけじゃないってことは知っておいてほしい。

それを踏まえたうえで、やっぱり海外の選手のメンタルはとんでもなかった。

ドイツにいるとき、チームメイトと「メンタルはどこ?」という話になったことがある。

みんなはメンタルって言われて、身体のどこを指さすだろう。

僕は、当然のように胸、心臓の部分を指した。「ハート」っていうように、メンタルは心にあるからだ。

だけど、他の外国人選手は違った。

みんな、頭を指さしたんだよね。

なるほどな、って思った。そして、この違いはでかい、とも感じた。

この本に合わせて、中田英寿さんと対談をさせてもらった。ヒデさんは、僕にとって大スターの一人だ。サッカー少年・内田篤人がもっとも熱狂したワールドカップが２００２年の日韓大会でその中心に「ヒデ」がいた。

それ以前から、イタリアのセリエA《アー》ですさまじい活躍をしていることは知っていたけど、ただの遠い国の話で、まったく実感がなかった。そんな人、本当にいるの？　ってくらい。

対談の日まで、サッカー界にいながらヒデさんにお会いさせてもらう機会がなかった。友人にイベントなどを手がける仕事をしている人がいて、「ヒデさんに会った」って聞いたときは、「なんでだよ、俺ですら会ったことないのに！」って言ったくらい、雲の上の存在だ。

だから会う前も、会ってからも、対談中も、ずっと吐きそうなくらい緊張した。

でも、すごいいい話が聞けたから、ぜひ読んでほしい。正直、ウチダメンタルより、ナカタメンタルを本にしたほうがいい、とすら思ったからね(笑)。

話が遠回りしたけど、そのヒデさんにメンタルってどこにあると思いますか、って聞いたら、すぐに「頭」を指した。で、日本人は胸を指す人が多いんです、って言うと「え、なんで?」って本気で困惑していた――ように思う(笑)。

ヒデさんはやっぱり世界で戦うメンタルを体得していたんだろう、って感じた。

じゃあ、それだけ違う「メンタル」を外国人の選手たちはどう表現しているか。ひとくくりにできるものはないけど、いくつか例を挙げてみたい。

僕ら日本人には理解しづらい例でいえば、自分が悪くても周りの選手に切れるタイプがいる。

明らかに自分のミスで点を取られたのに、怒鳴ってくる。

これはこれでその選手のメンタリティだったりする。

というのも、ここで「ごめん、ごめん」みたいな態度をとると、自分のミスを認めたことになり、周りの選手もその選手が悪かった、と思うようになる。

サッカーは相手とも戦わなきゃいけないけど、試合に出るためにはチームメイトとも戦わなきゃいけないし、サポーターにも信頼してもらわなきゃいけない。簡単に自分のミスを認めないことも重要というわけだ。

他にも、チームの結果が悪くても自分が良ければいい、という選手もいた。これも評価のことを考えれば簡単に否定できるものじゃない。チームが勝ったからといって、そこにいる全員の評価が高くなるわけじゃない。ましてや移籍が当たり前、同じクラブに複数年いることが珍しい世界で、個人の評価は切っても切り離せないものだ。

だから自分のプレーで満足する選手がいても不思議じゃない。

日本人はシンプルに、「きれいなストーリー」を求めるけれど、現実においてそんなことは多くない。これって、仕事でも日常でも同じじゃないかな、と思う。

上司にめちゃくちゃ怒られることもあれば、家族のなかで喧嘩《けんか》をすることもある。メンタリティは人それぞれだから、ひとつの物事に対して、必ずしも同じ思いを感じ取るわけじゃない。

理解できないこともある、じゃあそのなかでどうやって自分は対応していく？

海外でプレーをしてきて、そのことを身につけられたことは大きかったと思う。

破天荒

日本人はえらいけど

日本人はえらい！

ドイツで8年生活をしてそれは何度も感じた。よくいわれるけど、みんな約束を守るし、電車は時間通りに来る。それが当たり前になってることがどれだけすごいか、離れてみて気づく。本当にえらいわー。

それは大事にすべき価値観だけど、ちょっと面白くないよね、とも感じる。それが、いろいろなところにつながっているんじゃないかな、とも。

海外選手のメンタリティについて前項で言及した。その差についてはなんとなく理解してもらえたと思うけど、じゃあそこにどんな課題があるのか。

サッカーでいえば、うまい選手とかまじめな選手はいっぱいいるけど、なんか突き抜けない。同じ枠の中にいて、悪く言っちゃうとみんな一緒。お利口さんだけどおとなしくて。それが日本だ。

もっと破天荒なやつがいてもいいんじゃない、って思う。そっちのほうが魅力的で、人は惹《ひ》かれるんじゃないの？　って。

最近、気になるのは一般の方々にどれだけサッカー選手の名前が知られているんだろう、ということだ。例えば鹿島アントラーズ。僕が加入したころは、サッカーが好きじゃない人にも、「あ、小笠原がいるチームね」とか「中田浩二の名前は聞いたことあるな」って言われていた。

じゃあ、今の鹿島の選手をサッカーファン以外の人は知っているんだろうか？三竿《みさお》健斗って聞いてどれだけの人がその顔を思い浮かべることができるだろう。スターがいない、人の目を奪うような選手がいない。

同じことは日本代表にもいえる。ちょっと前は本田さん、長友さん、岡ちゃん、真司……みんなが知っている名前がいっぱいいた。でも、今は久保（建英《たけふさ》）くんくらい。だからみんな久保くんに注目する。その久保くんだって、そんなに試合に出られているわけじゃない。

もう少し、枠にとらわれない人がいてもいい。

これって国民性だったりもするんだけど、考え方やものの見方でも変わるものだと思う。あと、教育ね。恵まれすぎなのかもしれない。

シャルケ時代、練習に遅刻したら罰金っていう制度があった。日本人は絶対に遅れないように準備をすると思う。ちょっと早く起きて、とか渋滞も計算に入れて少し前につくようにするとか。かくいう僕もまじめだからね、絶対に遅れないようにしていた。まあ、朝食をクラブハウスで食べるから、遅れないんだけどね(笑)。

でも他の選手たちは違った。

「罰金を払えば、遅刻してもいいんだろう?」

それはそれでどうかと思うけど、こういうものの捉え方・破天荒な考え方が、ここぞというときのパワーを生むし、人を惹きつける側面はあるんじゃないかな。

そして、日本サッカーが世界で戦っていくとき、こういうやつらを倒さなきゃいけないんだ、ってことにも気づかなきゃいけない。自分たちのまじめな価値観とはまったく違った、天才的ともいえる集団。

今、日本代表は世界大会でベスト16までは行けるかもしれない。でも、それより上を目指そうと思ったら、「違った才能」にもフォーカスする必要があると思う。まじめなだけじゃ面白くないし、人を惹きつけないし、世界では勝てない。

見た目

川崎フロンターレ

常勝・鹿島から、常勝・川崎フロンターレへ。

ここ数年、Jリーグで一番強いチームといえば、サッカーファンはみんなが川崎の名前を挙げると思う。今年もJリーグを独走中だ。鬼木（達《とおる》）監督が就任したのが、２０１７年、そこから4年で3回のリーグ優勝。その前の風間八《や》宏《ひろ》さんの時代から、攻撃的ですごいサッカーをしていたけれど、鬼木さんが監督になってから、

「勝者の風格」みたいなものが備わり始めた。

鬼木さんは、現役時代には鹿島でもプレーしていた。強い鹿島の雰囲気を知っている方なんだろうと思う。

僕としては、「川崎は絶対に優勝させちゃだめだ」って思っていた。優勝させたら、一気に強くなっちゃうだろうな、って想像ができたから。鹿島が再び、常勝軍団になるためにも、優勝させちゃいけないって。

鹿島ＯＢの立場でいえば、優勝を許してしまったことで、今の強さを確立させてしまったんだと思っている。僕と同じ年に引退した（中村）憲剛さんみたいなレジェンドがいて、所属する選手たちもみんないい選手だ。技術という点でいえば、ずば抜けていると思う。

じゃあ、なんであんなに強いのか。チームがどういう練習をして、どういうメンタリティでいるのか、それは中に入ってみないとわからない。

でも、選手たちの姿を見てわかることがある。

例えば、派手に髪を染めたりしている選手がいない。みんな黒髪で、ちゃらちゃらとした浮ついた雰囲気がない。これって、僕が入ったばかりのころの鹿島に似ていたりする。

決して、髪を染めているチームや選手がだめだって言いたいわけじゃない。そういうところに目が行き、「あ、やっぱりあのチームは強いんだろうな」、そう思わせる「風格」があるんだ。

今でも心にとめている言葉がある。高校卒業を間近に控え、いよいよ鹿島に入団してプロとしての一歩目を踏み出そうとしているとき、清水東のサッカー部監督でもあった梅田和男先生に言われた一言だ。

「お前、プロに入っても茶髪になんかするなよ。チャラチャラするようなことはするなよ」

僕をサイドバックに導いてくれた恩師であり、尊敬する先生にそう言われて、「はい」って答えた。

この言葉は、決して「髪を染めるな」っていう意味ではなかったんだろうと思う。サッカーに向き合え、プロとしての仕事をしろ、浮かれるなよって、そういうメッセージだったはずだ。結果が出ずに染めていたら怒られたかもしれないけど、鹿島で3連覇を果たして、もし僕が髪を染めていても、梅田先生は何も言わなかっただろう。

　この言葉をもらってからというもの、髪を染めることは特別な意味を持つようになった。実際、シャルケに移籍するまでは一度も染めなかったし、ドイツでも染めたのは白髪染めだ。

　一度、鹿島に帰ってきて3か月くらいしてから金髪にした。満男さんと、ヤス（遠藤康）の誕生日だから、って言ったけど、帰ってきてからもケガの具合もあって、なかなか全部の練習に合流できないもどかしさを、晴らしたい思いがあった。いいようにいえば、心の振れ幅を保つために、ちょっとした息抜きをしたって捉えてほしい。実際、あの後、結構身体の調子が良かったように思う（笑）。


話がそれたけど、決して「黒髪だから」強いチームだ、というわけじゃなくて、プロとしての姿勢がにじみ出た結果が、「あのチーム、風格あるな。みんな黒髪で、清潔感があるしな」という評価につながっていく。

　強いもの、最後に勝つもの。そこには、見る人を惹きつけるような、すごみみたいなものがあるんだと思っている。川崎には、今、それがある。

プロフェッショナル

自分ではなく他人

シーズン途中で引退した僕に、鹿島アントラーズは引退セレモニーを企画してくれた。新型コロナウイルス対策で大変だったうえに、中断期間もあったからスケジュールが過密ななかで申し訳なかった。

自分としてはいいタイミングで引退できたな、と思っている。

心残りがあるとしたら、スタジアムが閑散としていたことだ。コロナの感染拡大防止のため、観客の人数に制限があった。間隔をあけて座るサポーターが見ているなかで、やっぱり満員のスタジアムってすごかったな、って思った。

ああ、僕って人がいなきゃだめなんだな。

人に見られるってプロとしてすごく大事なことなんだな、って。


誰かに見てもらっている環境がもたらしてくれるパワーはすさまじい。いろんなインタビューで話をしているけど、それはシャルケのスタジアムがすべてを証明している。一回でいいから、あのスタジアムに足を運んでほしい、すべてがわかるから、と。

シャルケというクラブが大好きなのは、あのスタジアムの雰囲気を抜きにして語れない。熱狂的なサポーターが作り出す雰囲気からは、僕らのプレーに対して本当に一喜一憂しているのが伝わる。スタジアムが揺れている、って本当にあるんだと知った。

それをよく「一体感」って言葉で表現されることがあるけど、僕は実際にその一体感を身をもって知ることができた。忘れられない瞬間がある。移籍1年目、チャンピオンズリーグの決勝トーナメント1回戦のことだ。

僕らのホーム、フェルティンス・アレーナでのバレンシア（CF）との試合。ファーストレグで対戦相手のバレンシアに引き分けていた僕らは、前半を1対1で折り返した。チャンピオンズリーグには、アウェイゴール（スコアが同点の場合、アウェイでの得点が多いほうが勝ち上がる）という仕組みがある。

この時点で2対2だったけど、1失点を喫してしまえば、僕らは2点を取らなければベスト8に進出できない。

後半52分、（マリオ・）ガブラノヴィッチがゴールを決めて3対2。このまま守り抜けば、ベスト8。でも、同点に追いつかれれば敗退。緊迫感のある試合で、スタジアムは高揚し、祈るような雰囲気に包まれていた。

僕が右サイドを駆け上がると沸き起こる「ウッシー！」っていう歓声とともため息ともとれる声。相手・バレンシアが攻め込めば、地鳴りのような声援が響く。

僕らは3対2のまま、90分を終え、アディショナルタイムの5分を残すだけだった。バレンシアは一気に攻めてきて、ものすごい攻撃を繰り広げていた。耐える僕たち。残り30秒あるだろうか、もう少しでベスト8だ——そう思っていたとき、チームメイトの（ジェフェルソン・）ファルファンがクリアボールを拾うと、一気に相手ゴールへ向かう。

独走——。

その後ろ姿を僕は、追いかけながら見ていた。

スタジアムが、サポーターが、スタッフが、ボールボーイまでもがファルファンの姿を追い、立ち上がり、そして叫んでいた。

「イケー‼」

ぞくっとした。

これか、これだ。

この光景が見たくて、ドイツに来たんだ――。

ファルファンがベスト8進出を決定づけるゴールを決めたとき、スタジアムのボルテージは最高潮に達していた。


人に見られている。

それは大きな力になる。

負ければ容赦ない批判。味方サポーターからブーイングを受けることは確かに嫌だ。でも、アウェイで相手チームのサポーターから受けるブーイングは、心地いい。見られること。それは大きな力になる。見られてるんだから、下手なプレーはできない。みすぼらしいプレーはしない。

膝の手術をし、長いリハビリを経てようやくベンチ入り復帰を果たしたとき、旧知のライター・了戒《りょうかい》（美子）さんに頼んで、「ベンチ入り」をニュースとして配信してもらった。試合に出るわけでも、ゴールを決めたわけでもない。ただ、久しぶりにベンチ入りしただけだ。

それでも、ニュースになることで、「内田が出るかもしれないのか」と人目に触れる可能性が上がる。そうやって、見られている状況を自分で作った。それが僕の力になる、と知っていた。

サッカーが好き、とか、もっとうまくなりたい、だから選手を続けているんです、って言うプロ選手がたくさんいる。それは絶対に間違っていないんだけど、最後はやっぱり人に見られることが、プロであることだと思う。

満さんだったか、ジーコだったか……忘れちゃったけど（ごめんなさい）、「最後に助けてくれるのはサポーターなんだから」って言っていた。本当にそうだと思う。

人の目を気にすることで得られる力は、想像以上だ。

特にプロサッカー選手は、サッカーがビジネスである以上、そこは忘れないでほしいと思うし、その力をうまく利用することをすすめたい。

観察力

わかってるな、って思われる

鹿島のときも、シャルケのときも、入ったばっかりのころは、右も左もわからない。高校を卒業してすぐに入団した鹿島は、すごいチームだった。ピリピリした空気と、妥協を許さない姿勢。カッコいい、って思ったけれど、一方でこんなところで、やっていけるのかなーって不安だらけだった。

シャルケのときは、なにせ言葉がわからない。通訳もいないし、マガトの練習はきついし、「こなす」のが精いっぱいだった。

やべー、なんて思いながら絶対に欠かさなかったことがある。

「観察する」ことだ。例えば、監督はどういうところで怒るのか。どういうプレーを褒めるのか。あのプレーのときの表情はどうだ？　僕はそうやって逐一、自分のプレーの答え合わせをしていた。

鹿島のとき、右サイドバックの僕の隣でプレーしていたのが、センターバックの岩政（大樹）さんだった。引退してからＤＡＺＮで始まった、僕がＭＣを務める『内田篤人のFOOTBALL TIME』という番組に、何回か出てもらったから観た人はわかると思うけど、あの人、頭がいい。現役のころから、鹿島では「先生」って呼ばれていたくらいだ。

その岩政さんは、デビューしたての僕に、まあとにかくしつこく要求をしてきた。「そこじゃない！」「スペース！」「アット‼」——だいぶ怒られた。あれを18歳に言うかね、って思うよ、本当に(笑)。

だから僕も岩政さんを観察するようにした。練習や試合で、プレーをしながら、岩政さんが他の選手のプレーに対してどういう反応をしているか、自分のプレーに対してどう反応しているか。観察をした。

おかげで2年目あたりには、言われる前に岩政さんが言いたいことがわかるようになった。もう、そういうときは手を挙げるだけ、ＯＫですって。以心伝心っていうのかな。

面白いことに時間が経つといろんなことに気づく。

「あれ、いつも同じことしか言ってない？」

岩政さんが言いたいことは、シンプルだった。

いつも同じ……、そこで僕はなるほど、と思った。

つまり、岩政さんは「これをやってほしい」ということしか言わない。裏を返せば、「言われたことさえちゃんとやれていれば、どんなプレーをしてもいいんだ、ということじゃない？」って思った。

ドイツ時代も同じだ。

日本にいるときと大きく違うのは言葉が「完璧には」わからないことだ。そもそも「言葉なんかわからなくても、うまければ使われる」って考えるタイプだったけど、監督の意図や、周囲の考えを理解しないでいいプレーができるほど甘くはない。だから、わからないなりに、監督をよく観察した。

一番よく見ていたのは、どんなプレーをしたら怒るのか。それは、マガトだろうが、ラングニックだろうが、ステファンだろうがみんな同じだ。

マガトは規律を守らないことにすごく怒った。ラングニックはとにかく細かくて、練習のときから立ち位置にまで細かく指示をした。そういうふうに、監督が熱っぽくしゃべることは見逃さないようにしていた。

大事だったのは、自分のプレーで怒られたことより、他の選手がどんなときに、どんなプレーで怒られているか、だ。それを見ていれば、だいたい「やりたいこと」がわかってくる。

そしてそれを意識してプレーすれば「あいつ、わかってるな」って思ってもらえる。

ケガでどうしようもないこともあったけど、観察力があったからこそ、どんな監督でも最終的に僕を使ってくれた。

監督が目指すものを、「言われなくても理解している」、そう思わせたら勝ちだ。

意外と「ワーワー」言ってくる人って、いつも同じことを言っている気もする。繰り返し言うことで浸透させようとしているのかな？　だから、「そこは私はきちんと理解しているよ」と早い段階で示せれば、あんまり言ってこなくなると思う。その規律を守ったうえで、プラスアルファの提案を練習なり、ピッチなりで表現することが大事なんだと思う（だって、規律を守るなんて、他にもできる選手はいっぱいいるんだから）。

姿

ハセさんとヘーヴェデス

たぶん、最終的に本が出来上がってみると、「小笠原満男」とか「鹿島アントラーズ」って言葉がいたるところに出てくるんだろうな、って想像している。

加えて、だいたい「姿」「背中」みたいなことで僕は言いくるめようとするはずだ。言葉だけじゃない姿勢、とでも解釈してもらえるとうれしい。

そういう姿はリーダーにこそ必要になる。

サッカーにおいて監督ともう一人、リーダー的な役割を求められるのがキャプテン。そして、キャプテンといえば、やっぱり長谷部誠でしょ。

ハセさんはまさに整ってるキャプテンだった。プライベートがそうであるかはまた別問題だけど(笑)、少なくとも日本代表におけるピッチやピッチ外での振る舞いは、まさにキャプテンそのものだった。本田さん、長友さん、岡ちゃん、真司……曲者《くせもの》ぞろいで、我の強い選手たちをまとめ上げた。ハセさんは口うるさく何かを言ったりしない。要所で、厳しいことも言うけど、全体のバランスを見ながらチームを引っ張るのが上手だった。まさに、姿で見せている存在。

もう一人印象的なリーダーが（ベネディクト・）ヘーヴェデスという選手だ。僕と同い年で、シャルケ時代にキャプテンを務めていた。彼は、まあ周りに厳しかった。とはいえ、僕からすると彼のその姿こそ、キャプテンなんだろうな、と思う。自分の弱さとか、ミスとか、そういうものを認めない。衝突してもめげない。俺は正しい、みたいなあの強さは、ちょっと強引だろうと思っても、リーダーとして大事な姿だったんじゃないかな、って思う。

言うは易《やす》く行うは難し、ということわざがある。姿勢っていうのは、その難しい行いができている人のことだと彼らを見て思う。

発信

表面だけなぞるのはだめ

今、いろんな人が好き勝手に発信するよね。

ツイッターとか、インスタとか……僕はやってないけど、たまにのぞくことはある。自分がどう見られてるか、サッカーにしても、解説やテレビの仕事でも参考になることがある。自分だけじゃなくて、ある問題に対しての考え方や、感じ方の違いなんかもわかる。

あー、なるほど。そんなふうに感じるのか、とか。

実際、そうやって役に立てている人も多いと思う。

それはアスリートだって同じだ。自分のアカウントを持って発信することで、自分の思いをダイレクトに伝えることができるし、その反応も知ることができる。

ただ、そういういい一面がある一方で、「いちいちうるさいなー」って思うこともある。選手のプレーに対する悪口なんかは、特にそうだ。僕なんかは、それを「うるさい」で済ますことができるけど、選手によってはメンタルにダメージを受けるタイプもいる。

じゃあ、見るなよ、って言われそうだけど、そういう言葉は見なくてもまわりまわって、耳に入るものだ。

「いちいちうるさいなー」って書き方に、「内田、言葉悪いな」とムッときた人もいると思う。

それよりもっと強い言葉を、日常的にかけられていると想像してくれたらちょっとはわかってもらえる？　好き勝手に発信できるからって、表面だけ見て発信するのだけはやめてもらいたいな、と思う。


表面的なことっていうのは、わかりやすいけど、気分が悪いだけで実際は何も伝わらないことが多い。

仕事でもそうだ。

引退してからコメンテーターを務めさせてもらう機会が増えた。

『報道ステーション』では、水曜日のレギュラーとして出演させてもらっている。

そのなかで、スーパーリーグ構想についてコメントさせてもらった。

サッカーファンにはなじみがあると思う、ビッグクラブだけのリーグを作るというあれだ。世界中のサッカーファンから抵抗に遭い、一瞬で立ち消えになった。

「ファンの抵抗が、ファンの声が届いたと思う。今のＣＬ（チャンピオンズリーグ）で十分面白いし、僕もそうだったけど、弱いとみられるチームが強いチームを倒すのがＣＬの魅力でもあるんです」

そう答えさせてもらったけど、それだけだと面白みがない。

だから、「(世論的にも大反対だったけれど) 現状の試合数の多さとか、お金の問題なども含めて、今の欧州サッカー界に『もう一回、考えようよ』と一石を投じたのではないか」と、自分なりの意見を付け加えた。

定型的なコメントプラス、自分の感じたことを加える。

生放送だから怖いんだけど、出るからには爪痕を残す――そこに加えて、やっぱり思っていることをちゃんと発信する。表面的じゃないことを付け加えないと意味がない。

中田英寿 × 内田篤人

すべては〝自分がどう生きたいか〟なんだ

HIDETOSHI NAKATA

株式会社 JAPAN CRAFT SAKE COMPANY 代表取締役。1995 年ベルマーレ平塚（現・湘南ベルマーレ）に加入。その後、全盛期のイタリア・セリエ A などで活躍し、29 歳で引退するまで日本のサッカー界を牽引した。ワールドカップにはフランス、日韓、ドイツ開催の 3 大会に出場した。引退後は日本国内 2000 か所以上の日本文化、伝統産業などの生産者を精力的に巡り、世界に誇れる日本の文化継承に尽力している。自身の旅をきっかけに生まれた、全国の素晴らしい伝統工芸や農業などを紹介している旅マガジン『にほんもの /NIHONMONO』や日本酒のさらなる魅力を世界へ発信するための日本酒アプリ「Sakenomy」の運営、日本酒の海外低温流通の構築などを、精力的に行っている。

Photo:Masahiro Okamura

内田はよく「話してみたい人はいませんか？」と聞く。

だから、内田にも「話したい人はいませんか？」と聞いてみたところ、「中田英寿さん！」と答えが返ってきた。プロサッカー界・欧州サッカー界に縁がある二人だが、接点がなく、会ったことがなかった。

「お会いしたことはないんですけど、中学生くらいのときから憧れの存在でした。本も買って、読んでいました。２００２年のワールドカップがもうドンピシャの世代で背筋を伸ばしながら、全然倒れずにプレーをするヒデさんはすごかった」

昨年、現役を引退した内田は自身の将来について、明確なビジョンが定まっていないという。

「ドイツから日本に帰ってきて、『あ、全然日本のことを知らないな』と思いました し、次の仕事に関しても、サッカーの仕事をするのが自然な流れなのかもしれません が、どこかピタッとハマらない感じがあって、そのあたりもヒデさんに聞いてみたいと思います」

対談当日、東京・港区にある中田英寿のオフィスに足を踏み入れた内田篤人の顔は、どこか青ざめているように見えた。「ヤバい、やっぱり帰っていいですか？」。緊張のあまりに発した半分冗談・半分本気の発言だった。

内田 今日はここ数年で一番緊張しています。よろしくお願いします。
中田 こちらこそ、よろしくお願いします。
内田 中田さんには、ブラジルワールドカップを現地で見ていただいたと思いますが、僕のことはどんな選手だと思いますか?
中田 外から見ていても、監督からしても、一番計算できる選手だったんじゃないかな。パフォーマンスが上下するタイプの選手ではなかったですよね。
内田 (ジョゼ・)モウリーニョと同じこと言っています。チェルシーとやったときに「ウチダは試合を決定づけるようなプレーはしないけど、一番計算できて、チームに貢献する」と言っていて。いやぁうれしい。さて、今回の主なテーマはメンタルです。僕はメンタルを強い・弱い、で考えたことがないんです。どちらかというと、上か下かで考えています。心の上下の振れ幅をなるべく一定にし続けたいと思っていました。いいときも悪いときも一定に、試合で勝ってもはしゃがない、試合に負けても落ち込みすぎないようにしていました。この感情の振れ幅が小さいほうがいい、と。そのあたり、中田さんは長年、メンタルをどう捉えてきたのかなというのをお聞きしたくて。

中田　例えば、やりたいことがうまくいったときの喜びとか、そういうのはある？

内田　表に出すものとは全然違います。表に出すものは、見せるようにしているというか。作るようにしています。みんなに見られる部分は上下動がないように。そして自分のなかでも抑えるように、みたいな感じです。

中田　僕は若いころは表ではあまり見せなかったかな。点を取っても、負けても。でも、悔しさを内側に抱えていることもずいぶんあった。感情の起伏はあるほうだと思うけれど、基本的に見せないようにしていた。

内田　なぜですか。

中田　見せると、いろんなところでいろんな捉え方をされてしまう、というのが大きかった。特にメディアに。ただ、例えばイタリアのセリエAでは、結果を出すだけではだめで、味方ともイタリア語でしっかりと話ができたり、戦っている姿を表現することを強く求められたから、その部分は変わっていったかな。

内田　そうなんですね。

中田　ただ、本当に思っていることを表に出さず、淡々としている感覚はウッチーに似ているかなと思う。僕は、誤解を恐れずにいうと、点を取るとか、勝つとか、優勝したいということより、**自分がやりたいプレーに対するこだわりが強かった。**誰も見つけられないようなコースのスルーパスを出すことなんかに、楽しさを見いだしていた。だから、周りからどう見られるかってあまり気にならなかったんですよね。

内田　どういうプレーをするとうれしかったんですか。

中田　誰も理解してくれないかもしれないけれど、何手も先を読んだうえでのスルーパスを出せた、という感覚。周りの状況を把握したうえで、その何秒後かの世界まで予測し切ったような。一番いいのは、針の穴を通すようなシュートのスピードで出せるスルーパス。トラップしやすいボールを出せ、ってよく言われるけれど、速いパスのほうが味方に時間がたくさんでき、パスが遅いと出せるポイントも限られてくる。あとは、それを味方がちゃんと見ていたらそこに届く、というところにちゃんと蹴れるか。味方がちゃんと感じてくれないと、抜けていってしまうんですけど。極端かもしれないけど、でも抜けてパスミスになるのはいいんです。

内田　良かった、チームメイトじゃなくて……(笑)。メンタルの話に戻りますが、イタリアはメディアだけではなく、当時はいろいろな面で激しかったですよね。

中田　メディアだけではなく、いろいろな面で激しかったですね。毎試合、ファンや警察官が亡くなってしまうこともよくありましたから。発煙筒とか催眠ガスとか、すごかった。ファンもメディアも厳しかったけれど、雰囲気を含めて世界のトップでしたね。

内田　大きな大会のときに、中田さんはどのように挑んでいましたか？　僕の場合は、普段通りにすることではあったのですが、ある程度の緊張はいいことだと思っていました。逆に緊張しないとだめなタイプで、「明日はドルトムントとのダービーだ、ソワソワするな」が一番いい状態で試合に入れたりしていました。変な話、ワクワクして寝れないときのほうがパフォーマンスが良かった。

中田　緊張をプラスにできる人と、緊張がマイナスになってしまう人がいると思う。**僕の場合は、緊張がいいパフォーマンスを出しやすいこともあるけれど、マイナスに作用することも経験的に知っているから**、試合前のロッカーでも淡々と本を読んでいた。そうしてピッチに入って、自分が意図したトラップやパスがひとつでもできると、そこから試合になじんでいく、というイメージ。

内田　日本ではメンタルというと、ここ（胸のあたり）だと解釈されています。

中田　メンタルはここ（頭を指さす）だよね。頭が強くないと。身体ではなくて、

頭を鍛えるために僕は現役を退いてからも身体のトレーニングを続けています。トレーニングをやっていて、極端な話、身体がポキッと折れることはない。追い込んでいくと頭が「きつい」「危ない」と指令を出して、身体を止めるから。だから**トレーニングというのは頭を鍛えて意志の限界を引きのばしてあげることにある**と思う。整理すると、**「頭のトレーニングのための、身体のトレーニング」**ということ。人間の意志というのも目に見えないから昨日よりも努力したか、成長したかどうかはわからないけれども、身体のトレーニ

ングはやったかどうか、目に見えて結果が残る。でき上がった身体は極端にいえば頭のトレーニングの副産物。きついトレーニングを継続することで、頭が鍛えられ、結果、仕事で疲れたと思うこともないし、きついなと感じることもないです。身体のトレーニングが精神的にも一番きついから。

内田　他にも、ペン習字も続けていると聞きました。それもトレーニングなのですか？

中田　朝30分、毎日書いています。ずっと字がうまくなりたいと思っていて、2年前の元旦から始めました。日常で書くシーンって意外とあるし、ずっと残るものだから。実はこれも頭のトレーニングになる。「今日は面倒くさい！」と感じる脳を排除していくということです。

内田　すごい……。

32歳で引退した内田。一方で中田は29歳での引退だった。しかも絶頂期。満身創痍《まんしんそうい》で「やめなければ」と退いた内田は、中田の引退とその後に興味を持っていた。なぜサッカー界に携わっていないのか、と。

内田　身体も動いていたのに、なぜ29歳で引退したのか、改めてうかがいたいです。

中田　子どものころから好きだから大人になるまでサッカーをやり続けました。一度もサッカーでお金を稼ごうと思ったことはなかった。しかし、2000年以降サッカー界がビジネスとして巨大化し始めた。年俸も移籍金も急騰していくわけだけど、そうなるとよりお金を稼ぐために、それまではチームでいいプレーをしようってみんなで切磋《せっさ》琢磨《たくま》していたのに、自己中心的な考えやプレーをする選手が増えたり、ビジネスをすることを目的にした人たちが多くサッカー業界に入ってきた。要は、サッカーを取り巻く環境が変わったんだね。そんな環境で俺はサッカーが楽しめなくなったのが一番の原因かな。

内田　その当時、ドイツ（ブンデスリーガ）とかと試合されていたんですか？

中田　ドイツはたまにありましたけど、僕らの時代はイタリア、スペイン、そしてイングランドが主流で。ドイツはサッカーに堅さがある印象で個人的にはあまり興味はなかったかな。

内田　キャリアのなかで、行きたいクラブなどはあったんですか？

中田　当時はリバプール（FC）やパリ・サンジェルマン（FC）などからもオファーがありました。今は欧州のトップクラブだけれど、当時は「行きません。それならセリエAで」という時代でした。それはスペイン1部だったとしてもそうで。

内田　イタリアは今はちょっと（レベルが）戻ってきたと思いますけど、少し前のイタリアは僕のなかであんまりグッときていませんでしたね。

中田　イタリアは僕がやめたあたりから、レベルや熱が下がってきましたね。選手もプレミアやスペインに出ていってしまう。当時、そのあたりからサッカーというもの自体が巨大化・肥大化してきたんです。年俸や移籍金がみるみる上がっていった。そういうお金って、どこから出てくるかといえば、やはり放映権なんです。イタリアはそれを怠っていたんですよね。世界中に放映権をきちんと販売していなかった。

内田　プレミアとか、本当にきっちりしていますよね。それが先ほどおっしゃっていた「楽しめなくなった」につながるわけですね。その後、サッカー界に残らなかったのはなぜでしょうか。さっきのパスの話もそうですが、中田さんの経験は若い世代にすごく勉強になると思います。

中田　僕はうまい選手では決してなかった。

内田　いやいや、うまかったですよ。見ていましたもん。

中田　それは大きな間違い。突出した技術はない、身長も高くない、足も速くない。

内田 でも絶対倒れなかった。

中田 それはやり方だと思う。一瞬早く当たるとか、その当たる角度とか考えていた。うまくないなかで、何で勝負できるか。例えば走る量。周りの選手より走れば、他の選手が疲れているときに、結果フリーになる確率が高くなり、チャンスが多くなる。倒れないために、相手より一瞬早く当たる、身体を前に入れる。また当たるときの角度などいろいろ考えていた。**常に考えた。どうすれば抜けるのか、倒れないのか。ひたすら考えてきただけ。**

内田 すごいな……。

中田 あとはポジショニング。だからこそ、プレーエリアを決められてしまうポジションでは勝ち目がないと思った。

内田 僕らからしたらめちゃくちゃうまく見えました。

中田 さっきの話と似ていて、**考えるぐらいしかやりようがなかったんだよね。**能力がないなかでどのように自分を最大限生かすか考え抜いた結果だよ。

内田 いやー、なんでそれを日本サッカー界に伝えてくれないんですか(笑)。

中田 聞かれないから(笑)。**考えることは持って生まれた能力ではなく誰にでもできる。**脳というのはどこまでも追い込めるから、やり続けて考え続けていければ答

えは自《おの》ずと湧き出てくると思う。例えば、ディフェンダーが前にいてパスをどうやって出そうかなというとき、(僕の能力的に)抜けないときは、わざと相手の眼《め》を見て、動きを止めたりもしました。眼を見られると両足に体重が乗るので、一歩目が出づらいんです。特に、股抜きなどには効果的でした。そういう人間の構造なども考えると、やれることは無限にありますよね。

2015年、中田英寿は「JAPAN CRAFT SAKE COMPANY」を設立。社長業を始めている。日本が誇る「財産」を世界、そして未来に向けてつなげるプロジェクト。引退してから9年の時を要した。引退後の人生をどう生きてきたのか。

内田　今後については、どこかフワフワした感じがあります。次にやりたいことがあってやめたわけではないので。

中田　それは僕の引退のときと、一緒かもしれない。

内田　なんとなく思い描いていたのは、サッカーの世界でいい思いをたくさんさせてもらったので、その経験をサッカー界に還元するのが普通なんじゃないか、ということでした。

中田　今までサッカー選手をやってきたけれど、それ以外の分野でも世の中に貢献できる、大きな仕事ができる可能性はある。それなのに、サッカーという枠の中で決めなきゃいけないと思う理由はなんですか？

内田　ないんです。だから、フワフワしているんです、今は。だからいろんな経験をしてみようと思っています。

中田　僕も次にやりたいことがあってやめたわけじゃなかった。子どものころから好きだったサッカーを続けてきた結果、いつの間にか29歳まで続けられた。だから、29歳までお金を稼ぐために仕事をするっていう感覚を抱いたこともなかった。

内田　はい、わかります。

中田　だから僕は、**人生では仕事よりも「好きなことをやる」ことが重要だと定義したんです。**それで好きなこと・やりたいことを見つけようと、世界中を旅した。実際に経験しなきゃわからないことがいっぱいあるだろうから。

内田　好きなものを探しに、行動したんですね。

中田　今、大学教授をやっているから、学生と話したりする機会もあるんだけど、「好きなことがわからない」と言う学生が結構いる。「だから何をやっていいかわからない」って。それはそうだ、やってみなきゃ好きかどうかなんてわからない。だから、それを知るためにいろいろとやってみればいい。わからないからやらないんじゃなくて、わからないからやるんだと思う。好きじゃないと長く続かないし……。だから、まず好きなことを探す努力はすべきで、それを放棄している人が多いと思う。

内田　非常に耳が痛いです。そこで見つけたのが今の仕事だったわけですか。

中田　引退から会社を立ち上げるまで9年かかった。サッカーも始めたのは8歳で、プロになったのが18歳。だから、**基本的に好きなことを仕事にするには10年はかかると思っている。**

内田　10年！

中田　**その間はもがいて、考えて、いろんなことを経験していくこと**が必要だと思う。

内田　いろいろ挑戦していいんですよね。

中田　**好きなことをやり続ける、探し続ける、それを放棄してはいけない。**もちろん、働かなければいけないというマインドになるのはわかるけれど、そうだとしても、好きなことを見つけることを諦めてはいけない。世の中の風潮で決めない。こういうふうにするのが常道だ、という考えでは「自分の人生、なんなんだろう？」

と思うときが来てしまう。

内田　なるほど。中田さんは9年かけて会社を立ち上げて、社長なわけですよね。従業員を抱えて経営するうえで、何が難しいですか？

中田　それはやはりコミュニケーションの仕方ですかね。今、スタッフは10人くらいいます。どう伝えたら、どんな言い方をしたら、僕の意図を汲《く》んでくれるか、をすごく模索します。お互いの意思の疎通がとれていないと、結果、ミスにつながる。

内田　会社を経営するようになってから、より感じるようになったんですか？

中田　そうですね。こちらの言いたいことだけ言っていたって、絶対に求めている結果は得られないんです。結局、会社もサッカーもそうだけれど、一人ではできないですよね。だから、人を動かす、それも的確にというのは能力ですよね。現役時代はまったくできませんでしたけど。

内田　そうなんですか(笑)？　社長としては、ちゃんと追いつくスルーパスを出さないといけないということですかね。

中田　最近、(コロナ禍で)会社にいる時間が多いので、コミュニケーションのズレによるミス、報告をきちんとしないことによる認識の違いなど、多くのことにより気がつくようになりました。仕事の内容ではなくて、結局、コミュニケーション

が一番重要なんです。今は工夫するようになりましたけど、現役時代は浮いていたとは思います。「プロなんだから結果出せばいいよね」と。そうすれば、他の選手はついてきてくれると考えていました。それができないのはプロじゃないと思っていたんだけど、やっぱり人間ってみんな考え方が違うんだよね。代表でも98年（のフランスワールドカップ）は年齢が一番下だったから好き勝手やっても周りがフォローしてくれて楽しかったけど、そのあと自分が中心になっていくと逆に周りに気を使うことが多くなり、楽しめなくなって

いった。そこ（代表）で楽しさがなくなったのが、サッカーを少し早くやめることに影響はしたと思います。

日本代表の話が出た。世界を見渡したときに、日本代表は世界のトップグループには入れていない。ワールドカップでも、ベスト16に入るのがやっと、というのが現実だ。特にブラジルワールドカップのときがそうだったが、一部の選手が「優勝しよう」と言っていた。「いつか負ける」と思って戦うのはとても興ざめするかもしれないが、もっと足元を見るべきだというのが、内田の考え方だ。

内田　ブラジルのときは大会前に冷静に冷静に分析して、僕は「1分け2敗」「3敗」というのが現実的だと思っていました。一戦一戦、それをどうやって覆せるのか？　と。

中田　言動に責任を持つことは大事。言うんだったら、自分が本当にやれると思っていることを言わないといけません。そうじゃないと、それが達成できなかったときに自分のなかの基準が崩れていく。言ったことをやらなくていいとなると、おかしいことになりますよね。優勝の可能性がゼロじゃないとはいえ、ちゃんと分析して臨まないといけない。

内田　そうですよね。

中田　自分の場合は、サッカーをやっている理由は、うまくなりたい、ということであって、優勝したいからやっているわけではなくて。

内田　優勝してもですか⁉

中田　うれしくないわけではないですけど。だってそうじゃなかったら優勝したら終わってしまう(笑)。だから今の仕事も生活もゴールはない。ゴールがないから好きなことじゃないと続かないいんです。練習したり、人に話を聞きに行ったり、**もがいている間が一番幸せ**だと思いますね。

話はサッカー以外の仕事へと続く。中田は引退後、数多くのCMやアンバサダーなどを経験してきた。一方の内田もSAPPOROやユニクロ、LIXILなどの広告キャラクターや、ニュース番組『報道ステーション』のレギュラーを務めたり、バラエティ番組に出演するなど、活躍の幅を広げている。ただ、その仕事への向き合い方はとても対照的だった。

内田　CMでもテレビ番組でも僕の場合は、「ウチダアット」という素材を使って、プロフェッショナルのみなさんの好きなように料理してください、というスタンスなんです。こだわりが強くあるわけではない。「みなさんがそれでいいのであれば、私はOKです」と。でも、中田さんは、おそらく違いますよね。企画の段階から綿密に打ち合わせして、作り上げていく方なのかな？　と思うのですが。

中田　これは、**自分がどうありたいか、ということなんだと思う。**例えば僕は、どんな撮影もインタビューも、ミーティングすら、昼の12時から18時の間でしか一切やらない。そこに入らない仕事は、どんなに条件が良くてもやらない。それはなぜかというと、人間として当たり前のことなんだけれど、**僕は自分の自由な時間のために生きているから。環境は自分で作らないとできない**と思っている。仕事でも、同じ姿勢・同じ方向を向ける人ではないと一緒にできないし、だからこそ細部にも徹底的にこだわる。ミーティングも最初の企画段階から入る。これは、見せ方云々《うんぬん》ではなくて、**僕自身の生き方の話。自分がやりたいからやる。やらせられるのは絶対にだめ。サッカーでも、自分が好きなポジションで出られないのであれば、出なくてもいい、と思っていた。**特にシステムに選手を当てはめる監督は苦手だった。確かにそういう監督は結果は出すんだけれど、プレーをしていても楽しくない。それと同じかな。

内田　生き方か……。

中田　そうでなかったら、もっといい条件の選択肢はある。お金を稼ぎたかったらサッカー選手を続けたほうが収入も良かったかもしれない。でも、お金のために自分の信念を曲げてまで生きたいわけではない。これが僕個人の生き方であり、自分の会社でいえば**「会社の利益ではなく、世の中を変えられること」をやりたい**と常に考えている。

内田　信念をしっかり持つということですね。

中田　自分の信念に合わない仕事は、本当に全部断っています(笑)。仕事は、いろんな人の思惑や願いが関わってくるから簡単ではないだろうけれど、そのために自分の人生や生活、時間を売りたくないんです。

内田　徹底していますね。今日は、人生観が変わるなぁ。僕がよくする質問なんですが、中田さんは会いたい人っていますか?

中田　いないですね。先生にしてもコーチにしても、その人になりたいわけではないから憧れるという感覚もないんです。完璧な人はいないですし、いろんな人のいいところをちょっとずつとって、自分の糧にしていますね。人から刺激は受けますけど。

内田 なるほど！ あと、中田さんといえばファッションです。ファッションは努力で良くなるものですか？ 小学生のとき、新幹線か何かでお見かけしたことがあって。

中田 ある程度のルールはあります。配色で気になることは実はあまりなくて、大事なのはサイズ感なんですよね。

内田 中田さんのファッションに対する注目度、すごかったですよね。そこから成田コレクション（※選手が帰国したときの空港でのファッションチェック）が始まったし。

中田 それはメディアが作ったことだから、僕のせいではないです(笑)。

内田 そうなんですけど、僕なんてジャージで行きたいのに他の選手に言われて、着替えさせられていました。

中田 今までの話の流れと同じだけど、ファッションは好きだから。誰かに認めてもらいたいとか、見せたいわけではない。好きなものを着ているとうれしい。食べることだって毎日じゃないですか。毎日のクオリティがあらゆるところから上がっていければ、幸せだよね。毎日、おざなりにしていったら、それは不幸になってしまう。

内田　幸せをどう捉えるか、ですね。約束の時間もそろそろなので、最後にひとつ。中田さんは高校卒業後、ベルマーレ平塚に加入しました。（内田が所属した）鹿島アントラーズという選択肢はなかったのですか？

中田　実はアントラーズに行きたかったけれど、ジーコが3年間寮に入るのは必須、と言うので「それでは、行きません！」と。1年ならまだしも3年は……。

内田　ジーコにきつく言っておきます（笑）！　今日はありがとうございました。

第４章

ウチダメンタル・メソッド（逆境対応編）

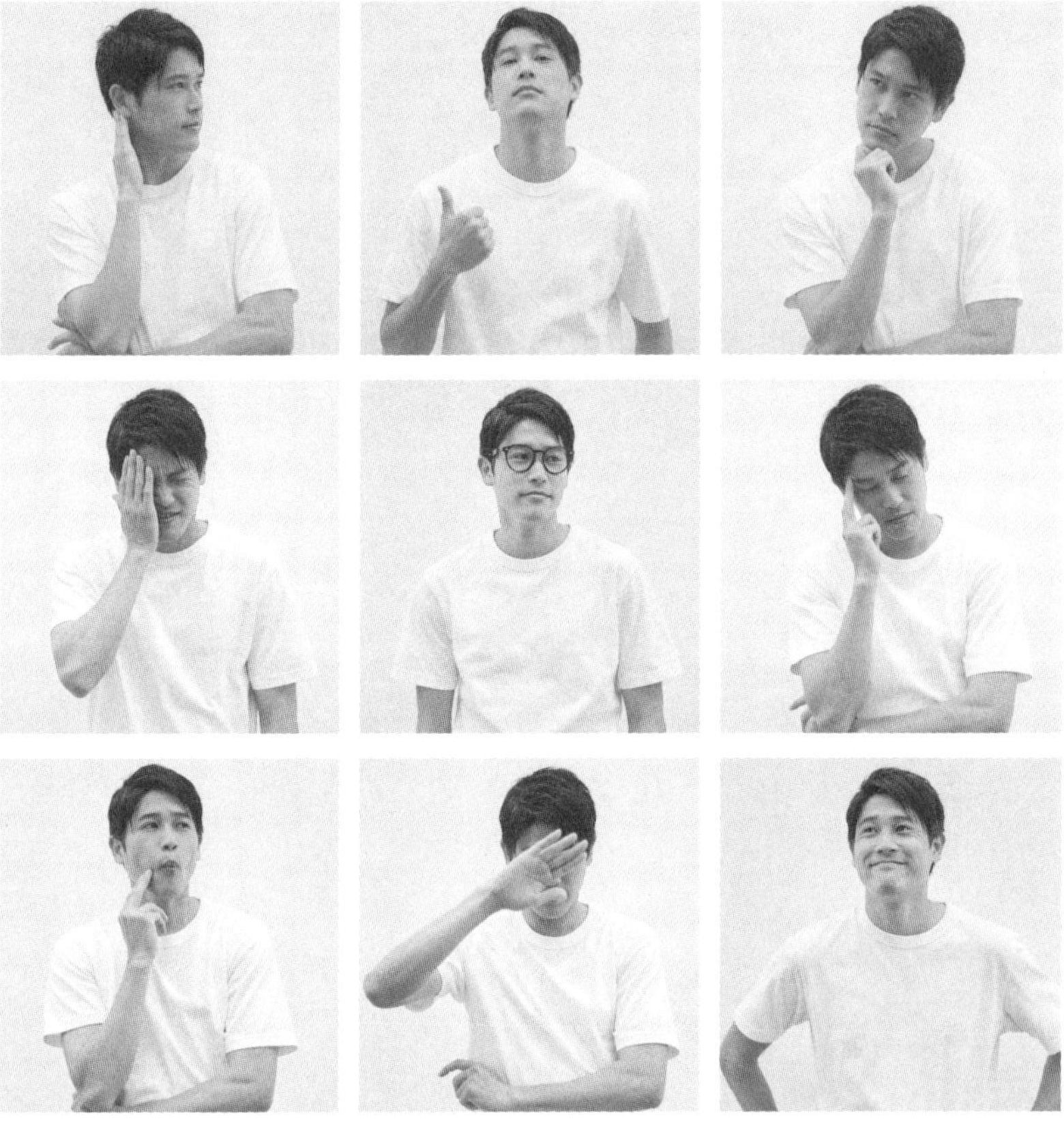

サッカー人生において、結果的にそのほとんどで僕はケガと一緒だった。

身体のことを考えずに走れたのは、鹿島に入団した最初のほうとシャルケの1年目くらいだ。そう考えれば浮き沈みの激しい選手生活だったと思う。

つらかったか、と聞かれれば「つらかった」と答える。

特にリハビリは長かったし、単調だった。元に戻るのかなーって、泣いたこともある。というか、結構、泣いたよね。一生分かも。

心の振れ幅が大きくなってるじゃん？　って思った人。

残念でした！

全部、経験が教えてくれたことではあるけど、つらいなーって感じたとき、どういう行動をすべきか、どうすれば「心の振れ幅」を保てるか、わかってくるようになる。

僕はそれをちょっとずつ、体得していった。

ここからは、その「ウチダメンタル」をどうやって実践していったのかについて書いていく。

この章ではまず、つらいとき、逆境に出くわしたとき、どう考えるのか。めちゃくちゃ大変な状況のときにメンタルがしっかりしていないと、なかなか前向きになれないのは確かだ。

そんなとき、どうしていたか。大きくいえば、二つその方法があった。答えを先に書くと、

1．踏ん張る。

2．切る。

まずは、この二つについて。

1. 踏ん張る

めちゃくちゃ分厚くて重そうに見える壁が前から迫ってきているとする。前に進まなきゃいけないのに、その壁が行く手を阻んでいるどころか、後退させようと向かってくる。

そんなとき「踏ん張れ！」って言われたら、どう考えるだろうか。

——無理だよ、って逃げる？

——壁に負けないように、ぐっと押し返そうとする？

だいたいのことは「押し返そう」とすることで解決できると思っている。

自分の持っている力のほうが強ければいいだけだ。問題は、なんとかなるだろうくらいの壁を過大評価して（もしくは自分を過小評価して）「無理だよ」って逃げちゃうこと。それはまだまだ甘い。根性が足りないだけ。僕はそう考える。

じゃあ、本当に自分の力より強い壁だったら？

メンタルが重要になるのは、そういう「壁」のときだと思う。

あんまりイメージがないかもしれないけど、実は僕もまずは押し返そうとする。

結構、泥臭いこと、好きだから。

「押し返そう」とするとき、考えていたのは、「心残り」を絶対にしないことだった。やっときゃ良かったたって思わないこと。これも、泥臭いな(笑)。

踏ん張る方法 1

「心残り」の残りが「踏ん張る」原点

2014年、ブラジルでワールドカップがあった。

（アルベルト・）ザッケローニが監督で、ACミランの本田さん、マンチェスター・ユナイテッド（FC）の真司、インテル（ナツィオナーレ・ミラノ）の長友さんといった、世界的なビッグクラブに所属する選手が揃《そろ》っていた。そのせいか日本中も盛り上がっていて、注目度も今までにないくらい高かったと思う。

選手たちが「ワールドカップ優勝を目指す」って公言をしていて、なんかいけるんじゃやない？　みたいな雰囲気までできつつあった。

そしていざ、初戦のコートジボワールとの試合。僕はスタメンでピッチに立つ。

国歌が流れたとき、ちょっとウルッと来た。高ぶった。

それは、ちょっと申し訳ないんだけど、優勝するとか、日本の力を見せつけてやる、みたいな周りの選手とは違う理由で。

ああ、このためにやってきたんだよな。ドイツに行ったんだよな……。

ちょっと、話を巻き戻します。

ワールドカップ初戦から遡《さかのぼ》ること、4か月前。ブンデスリーガ第20節。僕はシャルケの一員としてハノーファー96と戦っていた。2対0で迎えた後半43分、右サイドでボールを持ち、センターサークル付近まで持ち上がる。ふだん、あんまりしないプレーだった。

そしてパスを出した瞬間、右膝の裏が爆発した。あー、やっちゃった……、肉離れだ……って。さすがにこれはプレーできない、と思って自分から「代えてくれ」って言った。たぶん、人生で初めてだと思う、「代えて」って言ったの。

シャルケに来てから2年目以降は、肉離れとは「お友達」だった。軽度から重度まで、何回も経験してきた。だから、またかー、ちょっとこれは長いかな、リハビリだな……って多少、滅入ってはいたけど、病院に行って、「肉離れ」って診断されても自分で運転して（その日、岡田〈武史〉さんが日本から来ていて、対談もあったし）、帰って、普通に寝た。慣れてるからね、肉離れは。痛かったけどね。

翌日のこと。練習に向かって、トレーナーに患部をみてもらっていると、急に彼の血相が変わった。

「腱《けん》がないぞ！」

そこから、遠い病院まで行ったら医者がもう「オペ、オペ！」って。別の医者も同じことを言うの。「手術しなきゃだめだ」って。大腿《だいたい》二頭筋の腱が断裂していた。

手術はしたくなかった。

それはワールドカップに間に合わないから。

また遡ります。

ブラジル大会から時間を巻き戻して4年前、2010年には南アフリカでワールドカップがあった。監督は岡田さん。僕は、予選からほとんどの試合に起用してもらって、出場権の獲得の場にも立ち会えた。

左サイドに長友さん、右サイドは僕。なんだかんだで、「岡田ジャパンの若い中心選手」みたいな扱いをされていた。

その岡田ジャパンも大会直前になって急に成績が下降し始めた。親善試合の韓国戦に負けたあたりから、逆風がすごくて。大会直前合宿でもそれは変わらなかった。

そして、岡田さんは戦い方を大きく変える。それまでの攻撃的なサッカーから、まず守備をしっかりするサッカーへ。

レギュラーだった僕は外された。

めちゃくちゃショックだった。なんだよ、って思った。岡田さんを憎みたいくらい。たぶん、僕が唯一、メンタルがブレまくったとき。完全に「いつもの下より遥《はる》か下」にあったときが、この大会での時間だったと思う。

でも、僕も大人だ。代表の一員だ。

「試合に出られなくても、裏方として支えよう」

心とは裏腹に、悔しさをチームメイトに見せないように徹した。

結局、僕は1試合も出ることなく、ワールドカップを終える。日本代表は、グループリーグを突破し、これまでの最高成績であるベスト16まで進んだ。

素直に喜べなかったし、絶対、次のワールドカップに出る。見返してやる。そう思った。

この経験は、僕のそれからの「メンタル」や「生き方」にとって重要な転機だったと思う。というのも、「心残り」を生んでくれたからだ。そしてその理由は「外された」ことではない。

もちろん外されて、出られなかったことは嫌だった。でも、それは一方で仕方がなかったとも思えた。21歳の若造にはわからなかったけど、実際に目の前のピッチで繰り広げられている、世界最高峰の国別の戦いを見て、「ああ、俺、この実力じゃ出れないわ」って思ったから。そりゃ、外されるわって。

ワールドカップが終わると、僕はシャルケに移籍することが決まっていた。ドイツに移籍して、その世界のすごさを何度も痛感した。

どのくらいしてからだろうか。ふと、思った。

「あれ、なんで俺、あのワールドカップで試合に出られないことを受け入れたんだろう？」

外された。でも、だからって試合に出られないって決めつける必要はあったのか？　途中出場だってあるし、変な言い方だけど、誰かケガをするかもしれない。なんで、サポートに回ろうなんて思ったの？

あのとき、実力を悟ったとはいえ、自分の立場を自分で決めた。試合に出られる可能性がないわけじゃないのに、それを自分で放棄《ほうき》した。心残り――。

それ以来、絶対に心残りはしないように、と決めた。

結果はコントロールできないけど、**どんな結果であっても、やれることはやったもんね、仕方ないよね、って言えるところまではやろう**、と。

ここでようやく話がブラジルに戻る(笑)。

ワールドカップ4か月前に、大ケガをした。手術をしたほうが、選手生命を考えたら良かったのかもしれない。でも、手術を回避した。

ワールドカップに出たい。

その思いだけを優先した。

「まだ4年後のロシアもあるじゃん、まずは治そうよ」

そういう意見もあった。でも、それは違った。

もし、そういう決断をしたら、心残りになったはずだ。南アフリカで、試合に出ることを諦め、サポートに徹しようとしたように。――なんで、あのときブラジルワールドカップに出ることを諦めたんだろう、って。

壁を押し返す話だ。

踏ん張ろう、その力を発揮するためには、思いが必要だ。

あの経験はもうしないぞ、という思い。僕の場合はそれが「心残り」をしない、「残さない」って思いだった。

これもキャラじゃないかもしれないけど、「夢」って大事だ。それは、自分が変わるから。自分でも知らなかった力を見つけ出してくれるから。

それと似ていると思う。

僕は心残りをしない、って思って耐えた。ブレちゃいそうな心を、支えていた。

踏ん張る方法 2

感情のギャップを見せない

リハビリでつらかった日々を、心残りをしない、という思いを持って「踏ん張る」。そうして少しずつでも心の振れ幅を保つようにしていた。

このとき難しいのが「感情のギャップ」だ。

何かあるたびに、気合いを入れていたり、落ち込んでいたりするのは、パフォーマンスが一定しないし、ちょっとカッコ悪い。

気合いが入っている試合とそうじゃない試合、みたいな無意識の「差」を作ってしまうことにもなる。

正直にいうと、プロとしてサッカーをしていると、そういう「差」というのは感覚的に持っている。

フェルティンス・アレーナで、満員のサポーターの前で、世界のトップオブトップのクラブと戦うチャンピオンズリーグと、それ以外の試合では高揚感が違った。

それは自覚している。ワールドカップですら、緊張しなかったのは、あのチャンピオンズリーグのレベルじゃないから――そんな思いがあったのは事実だ。

それをわかったうえで、「差」は人に見せるものじゃない。

心の振れ幅を保つというのは、「差」を外に見せないことでもある。

内田、今、つらそうだな。

内田、今、高ぶってるな。

そういう感情のギャップを見せない。

大事なんだけど、これが本当に難しい。


だから僕は、たまに「息抜き」をしていた。

「もうだめっすわー、俺」

例えば、シャルケ時代、ケガも多くてなかなか試合に出られないとき、長谷部さんにそんなことを言った。

「もう、帰国したい」

先にも紹介した南アフリカワールドカップでレギュラーから外れたことがわかって、アッキーに電話したこともある。

外に見せない分、絶対的に信頼する人、実は「踏ん張っている」途中だってわかっている人、わかってくれそうな人、そういう人に、ちょっとだけしんどい心中を吐露する。それが息抜きになった。

「踏ん張る」ことには、当然だけどパワーが必要だ。踏ん張っているからといって、全部を我慢するのはしんどい。それこそ、踏ん張っている途中につぶれちゃ意味がない。

だからこそ、どこかでちょっと「息を抜いて」みることが必要だった。

注意しなきゃいけないのは、誰にその姿を見せるか、だ。

例えば、記者に対しては、なるべくそういう思いを悟られないようにした。むしろ、しんどいとき——シャルケでベンチを外れたときなんかがそうだったけど、——「いの一番」に、ミックスゾーンに行って、話をした。ベンチを外れる、という選手からしたらもっとも厳しいジャッジをクラブからされても、「だからこそ、一番に話す」姿勢を示すことで、自分の心の振れ幅を保っていた。

一方で、そのあと車で信頼できる人には、「なんでだよー」とか「結構、良い感じまできているんだけどなー、見る目ないなあ」とか、ちょっとずつこぼした。

八方美人なのかもしれない。どこかでそうあるべき、と思いつつ、でもそれだけじゃだめだとも思っている。なんか、そのあたりの感覚、バランスをうまくとる能力があるんだろうな(笑)。

でも、それってこうやって「誰に、何を言うのか」「心の内側をどのくらい伝えるのか」みたいなことを考えてできているからなんじゃないかな、と思っている。

踏ん張る方法３

人の目を気にしまくる

国立スポーツ科学センター、通称ＪＩＳＳ。スポーツに関する最先端の研究所で、パフォーマンス向上のために必要な知識や、ケガの予防、リハビリなどを効果的に行うための実験や研究をしている……らしい。

僕がＪＩＳＳにもっともお世話になったのはリハビリだ。２０１４年の春、そして膝の手術をしたあとの２０１６年に通っていた。

ここは研究施設だけじゃなくて、体育館やトレーニング施設、体力測定なんかもできるし、宿泊施設や食堂もある。オリンピックを目指すようなトップアスリートをはじめとして、日本中のアスリートが集う場所でもある。

リハビリ期間中、ここでたくさんの人たちと会うことになった。

ワールドカップを目指した２０１４年のときは、長谷部さんがいた。半月板損傷で、僕と同じように全治３か月くらいだったのかな、ワールドカップに間に合うか微妙な時間という点でも、似た境遇にあった。大津祐樹とか、清武とか、同じ時間を過ごしたサッカー選手も何人かいる。

他にも、違う競技の選手たちと交流をすることになる。卓球の日本代表の石川佳《か》純《すみ》さんとか、ラグビー日本代表の山田章仁《あきひと》さん、「なでしこ」のサッカー選手たち、柔道、陸上……、それぞれトレーニングに来ている選手もいれば、僕と同じようにリハビリをしに来る選手もいる。

みんなあまりにもまじめに、シーンとしたなかでもくもくとやっている。長谷部さんなんて、もうその第一人者みたいに、つらいリハビリを淡々と、ブレることなくこなしている。さすが整ってる人だなー、キャプテンすごいっす、なんて思いつつ、僕はというと、その沈黙に耐えられず、つい話しかけちゃう。

みんなつらいことをやっているのに、そこに加えてあの雰囲気じゃ、乗り越えられない！　もっと和気あいあいとやろうぜ！　みたいな大義名分のもと、本当は僕自身がモチベーションを上げたかったのかもしれない。

「まじめか！」

何度、そうみんなに突っ込んだことか(笑)。

せっかく一緒にいるんだから、そのことをなんかプラスにしようよ、って思っていた。長谷部さんがそんな感じだから、「話しかけちゃいけない」みたいな空気を作っちゃっている気がして、これは「俺が率先して話さなきゃ！」と、いろんな競技の選手たちに声をかけた。


そうやって、わかったことがある。

僕はすごく恵まれている、ということだ。

これは僕だけじゃなく、サッカー選手が、と考えたほうがいいかもしれない。

多くの競技のアスリートと、ときに昼ご飯や、夜ご飯を食べに行った。彼・彼女たちはそれぞれ、僕とは違う環境にいた。

自腹でＪＩＳＳに通っている、決まった練習場所がない、いくら活躍しても会社員のままだ、満員のスタジアムなんて経験したことがない……。

プロサッカー選手として常にあった環境は、特別なことなんだと痛感させられた。練習する場所があって、それを整えてくれる人がいて、サポーターに出会えて、待遇だって他の競技に比べれば破格だ。

僕らは、サポーターやクラブの指導者だけに見られているわけじゃない。同じアスリートたちにとっても、注目をされる存在なんだ、と知った。

アスリートたちから見られている。

このことは忘れちゃいけない、と思った。

しっかりしなきゃ、とか、模範になろうとか、そういう話じゃない。その感じ方は人それぞれでいい。

でも、この「人から見られている存在」であることに気づけるかどうか。それに従って行動できるかどうか。少なくとも、僕にとって、〝見られている〟感覚は大事なことだった。

誰かに見られている。そうすると、行動規範ができる。こういうことやったらあの人に顔向けできないなー、とか、あれをしちゃったら悲しませちゃうな、とか。

それが踏ん張るための材料になった。

しんどいときでも、もうちょっとやろうか、という気持ちにさせてくれることもあった。人の目を気にすることって、悪く言われがちだけど、いい効果もあるんだよ、ってことを知ってもらえたらな、と思う。

2. 切る

じゃあ、自分の力ではどうにもならない壁だったら？

それが本当につらいときだ。

踏ん張ろう、と押し返したって、押し返せない。

思いをもってしても、踏ん張れないなら踏ん張らない。だって、「心の振れ幅」

が波を打ってしまうのは明らかだから。それが僕のメソッドだ。

プツンと切る。

メンタルの線が大きく波打つ前に、心の振れ幅を描いていた「線」を、線そのものの自体をなくしちゃう。

そして、待つ。いつかあの壁は止まる、って。

本当につらいときは、この「踏ん張らない」「プツンと切る」「待つ」の3ステップで、自分の心の振れ幅を保とうとしてきた。

切る方法1

いったん、切りまーす

僕に限らず、誰にだって浮き沈みはある。

他の人の人生のことはわからないけれど、楽しい思いができる一方で、つらいことや苦しいことだって同じように訪れているはずだ。

ケガばっかりを繰り返して、たくさんの人に「大変ですね」って言われた。大変だったけれど、決して僕の経験が特別なわけじゃない。

サッカー選手だから「大変だったよね」とは思わない。

仕事なんだから、全部が全部楽しいわけがない。仕事とはそういうもの、きついこと、楽しいこと、全部ひっくるめて仕事なんだって、考える。それが普通だよね、って。

僕にあったとすれば、その覚悟だ。つらいことはある。身体は常に100パーセントなわけじゃない、そのなかでやるっていう感覚だ。

大変な環境や境遇に合わせて自分の心も同じように上下していたら、自分じゃなくなる。内田篤人でいられない。そうであるからこそ、自分の心だけは「振れ幅」を少なくしようと努めていたんだけど……持たないときはある。自分の力ではどうにもならない壁。

だから、プツンと切って、待つんだ。

「アッキー、俺、もう代表やめるわ」

ロッカールームから電話したのは2013年の夏。コンフェデレーションズカップで、ブラジルに来ていたハーフタイム後のことだ。

ブラジルと対戦していた日本代表は、前半1点、後半2点取られた。止めてる自信はあったんだけど、ネイマールに開始早々3分に決められていた。そして前半を終えると、交代させられた。そのまま、アッキーに電話した。

アッキーには、何かあれば絶対に相談する。信頼する人間の一人だ。

このころ、シャルケでプレーをしていた僕は、チャンピオンズリーグだったり、ブンデスリーガの「ダービーマッチ」だったりと、これ以上ないレベルで試合をしていた。それで、すっかりその雰囲気に酔った。劇場みたいな場所で、自動的にモチベーションを保つことができた。

翻《ひるがえ》って、日本代表に対してどうしても見劣りするものを感じていた。おかしいよね、ワールドカップには絶対出たい、って思っているのに。もしかすると、このあとケガをして、それでより思いが強くなったのかもしれない。

まあ、それは今となってはわからないんだけど、ドイツでの自分のパフォーマンスと、日本代表での自分のパフォーマンスの差に、イライラした。ぬるいよ、って。

１００パーセント出ないじゃん、って。

めちゃくちゃ失礼なんだけど、「みんな、この日本代表でよく頑張れるな」ってことまで思っていた。

そんなときのブラジル戦、途中交代。

「（メンタルが）落ちる」と直感的に思った。

携帯を手に取り、アッキーに電話した。やめる、って。

何か行動をしたかったんだろうね。結果的にこのアクションがメンタルの線を切るスイッチだった。

振り返ってみれば、こうやってアッキーに電話することは何回かあった。

シャルケからウニオン・ベルリンに移籍して数か月。ケガでずっとリーグ戦から遠ざかっていた僕は、練習でまたケガをする。もうだめだ、って思ったとき、練習場から帰る車の中で、「ここからもう移籍するわ」って話をした。結局、これがきっかけで鹿島に帰ったんだよね。

ちなみに、現役引退のときもロッカールームからアッキーに電話した。ルヴァンカップの清水エスパルス戦、69分で交代した僕は、ロッカーに戻って、シャワーを浴びて「今から、満さんにやめるって伝えるから。後始末（契約のことなど）よろしく」って。

切ろう、切ろうと思っても、何もしないと引きずってしまう。だから、行動することで切っちゃうっていうのは僕にとって大事な「メンタル術」だったのかもしれない。

さっきも書いたけど、シャルケで試合に出られないとき、長谷部さんに会って「もう、俺だめですわー」ってよく言っていた。

リハビリのときも、とにかく与えられたものをこなす。やるだけ、そんな感じで取り組んでいた。

そうじゃないと持たないのがわかっていたから、完全に心と身体を分離させている感覚だった。一番近い言葉は、

「いったん、切りまーす」かな。

どこかでまたスタートする。

それが確実なのはわかっているから、そのスタートまで切っちゃおう。

「心の振れ幅」を保つために、いったん切る。そのスイッチが、電話だったり、愚

痴だったり、こなすだけだったりといった、行動だった。

スイッチを切ったら、あとはうだうだしたって仕方ない。時間に任せる。似たようなことで、失恋は時間が解決してくれる、ってよくいわれるけど、あれは本当だと思う。時間が経つにつれ、少しずつ自分が戻ってくる感じがあった。

ブラジルのロッカールームでの「日本代表引退宣言」は、翌日には収まっていた。そういえば、アッキーは「一日経って、まだそう思うようだったらもう一回連絡して」と言っていた。僕のことよくわかってるよね。

リハビリも、ワールドカップが徐々に迫ってくると、自然と「治さなきゃ」って気持ちになった。

時間は偉大だ。つらいときって焦る気持ちが募《つの》るけど、「いつかまたスタートが切れる」ことをもうちょっと信じてもいいと思う。

いずれにしても、スイッチオフは、一回行動することでできるようになる。周りには迷惑をかけるかもしれないけど、その反応や言葉で救われることもある。

切る方法2

一人の時間を作る

スイッチを切る、という点で大事にしていたことを思い出した。

つらいとき、というより日常的にやっていたこと。それが、一人の時間を作ることだった。

初めての著書、『僕は自分が見たことしか信じない』にも書いたけど、鹿島に所属してからの数年は、ストレスとの闘いだった。勝利を義務づけられたクラブ、伝統と歴史を持った尊敬されるチームのなかで、僕は明らかにへたくそだった。

でも、試合には出なきゃいけない。

そんなチームの11人に選ばれたことを誇りに思うべきだったんだろうけど、あのころはとにかく、負担だった。自分のキャパシティを超えていた。

何より、楽しいが第一でやってきたサッカーが、サポーター・クラブ・チームメイトに責任を持ち、「勝つ」ことが第一でやるサッカーに変わった。

ピッチで嘔吐《おうと》したことは数えたらきりがないくらいあるし、涙が止まらないことだって何回もあった。

ひどいときは、屋上から飛び降りたら楽かもなー、って本当に思っていたから——これも著書に書いたけど、そのときは屋上のカギが閉まっていた——、今考えると、メンタルは「下」にブレまくっていたんだと思う。

絶対、それを人には見せたくなかったし、できるだけ隠そうと努力したけど。

あのころから、やっていたことが「時間の使い方」のバランスをとることだった。一人の時間と、みんなと話す時間。

このあんばいが僕にとって大事だった。リハビリ中は、一人でいるのがしんどいことがあって、いろんな競技のアスリートとご飯を食べに行ったり、会話したりした。シャルケ時代も、麻也や長谷部さんの家に、車で何時間もかけて行ったこともある。ご飯食べて、寝て帰るだけ、とか(笑)。

ここだけ見ると、単なるさみしがり屋だけど、一方で「一人の時間」を作ることも忘れなかった。

具体的な「一人時間」のひとつは、邪魔されない「行きつけ」。鹿島でもドイツでも行きつけのお店、誰にも教えないお店を作ってはご飯を食べに通った。そういう時間では、いつだってサッカーやつらいことを忘れるように努めた。考え方としては、こんなイメージ。

「どうせ寝る前に、うだうだ悩むんだから、今は忘れておこう」

もうひとつはお風呂。1時間くらいずっとお風呂に入っている。「女子か！」って突っ込まれそうだけど、浴槽《よくそう》に浸かってずーっと漫画を読んだり、お笑いのDVDを見るのが好きだった。ドイツは日本と違って追い焚き機能がない。日本ってすごいんだよね、そういうところ。だから、温かいお湯を足しながら入っていた。睡眠よりも大事にしていたかな。誰にも邪魔されない時間だ。

ちなみにアスリートにとって「長風呂」は良くないらしい。トレーナーに言われたことがあるんだけど、筋肉が緩みすぎてしまうんだって。僕は「そんなの関係ない！」「風呂の時間があることでストレスから解放される」と思って、続けてきたけれど、いい・悪いは、自分で評価してほしい。もうひとつ付け足すと、ドイツのホテルには浴槽がないことがほとんどだ。遠征に行くと浴槽に浸かれない。でも、そういうときはこう考える。

「筋肉が緩まなくていいじゃん！」

これも変幻自在なウチダメンタル！

お風呂に浸かりながら、またはご飯を食べながら。

一人で、あえて悩みを忘れる「スイッチ」を入れること。

どうせあとで悩むんだけど、そうじゃない時間を意図的に作ってみると、意外と良かったりする。

切る方法3

ちょうどいい緊張感を利用する

「一人時間」のなかで、一番良かったのは運転だったかもしれない。

鹿島に入りたてのころは、いつも岩政さんの車に、勝手に乗り込んでいた。前の日に岩政さんに怒られても、何事もなかったような顔をして、シレッと乗った。「おはようございますー」なんて言いながら。

それが自分の車を持つようになってからは、一人でいられる大事な時間になった。いろいろ思い出がある。鹿島時代のまだまだ「ウチダメンタル」が体得できていないころは、よく一人で遠くまで車を出した。つらい日々に対処できなくて、ひたすら北へ数時間走って、遠くに行きすぎて「ヤバい、練習に間に合わない」って慌てて戻ったりもした。

シャルケ時代はクラブハウスまでの行き帰り。その30分くらいで、その日にいいプレーができても、悪いプレーだったとしても、整理をつけようとしていた。あのプレー良かったな、今日の練習はこういうことを試してみようかな……。

ドライブって、ちょうどいい緊張感がある。

サッカーのことだけを考えていたら、安全に運転ができない。当たり前だけど、運転に集中をしながら、サッカーのことを考える。このくらいの「ぼんやり」加減が、具合が良かった。

そういえば、面白い話があった。

試合に向かうまでの移動距離と時間について、みなさんはどう思うだろう。せっかくだからクイズ形式にしよう。読んでいるみなさんは、どっちがいいと思いますか？

１「宿泊先から試合会場までなるべく近いほうがいい」（移動時間が短い）

２「宿泊先から試合会場まで、遠いほうがいい」（移動時間がある程度ある）

イメージでいうと、１の近いほうがいいと思わないかな？

できるだけ会場の近くに泊まっていれば、出発の時間までゆっくり過ごせるし、移動も短くて済む。遠い場所だと、早く起きなきゃとか、バスに揺られる時間が長くなっちゃう。

近いほうがメリットだらけのように思うかもしれないけど、選手に聞くと「ある程度、試合会場まで時間があるところのほうが精神的にいい」と口を揃える。その理由は「準備ができる時間、心の切り替えができる時間」が生まれるから。

みんな音楽を聴いたりしながら、思い思いの行動をしている。この気持ちは、すごくよくわかる。

働いている人、通学してる人、みんな移動の時間があるんだろうけど、その時間をうまく活用できる可能性があると思う。

毎回うきうき通勤・通学できるわけじゃない。だからといってその時間で「悩むこと」ばっかりを考えすぎちゃもったいない。全部、背負ってしまうことになる。風呂に入りながら、ドライブをしながら、そうやって片手間に思い返す。ぼんやりとした時間にする。そのバランスが良かったんだろう。

サッカーをとおしていろいろな経験をさせてもらって、見つけてきたウチダメンタルは、ときに押し返し、ときにスイッチを切ることで、振れ幅を保ってきた。もしこれが、俗にいう「メンタルが強い」人だと、すべてに全力で立ち向かっちゃうかもしれないし、弱い人だと壁に押しつぶされちゃうかもしれない。

若いうちはそれでもいいと思うけど、いろいろなことを知り、歳《とし》を重ねるにつれて力を抜くことや、メンタルのスイッチのオン・オフができるようになったほうがいいと思っている。逃げ道は絶対大事。

歳をとることの良さって、経験が増えて、そういう引き出しがたくさんできてくることなんだと思っている。

特別対談 2

岡田武史 × 内田篤人

好かれようと思ってはいけない

TAKESHI OKADA

現在はＦＣ今治運営会社「株式会社今治．夢スポーツ」代表取締役会長。1997年よりサッカー日本代表の監督に就任。98年フランスワールドカップ、2010年南アフリカワールドカップを指揮した。クラブチームではコンサドーレ札幌、横浜Ｆ・マリノス（03、04年Ｊ１リーグ優勝）、中国の杭州緑城足球倶楽部の監督を歴任した。

内田篤人にとって恩人であり、憎むべき人でもある。岡田武史は２００９年に日本代表監督に就任すると、すぐに内田を抜擢。内田もその期待に応えて南アフリカワールドカップ出場権獲得に貢献する。しかし本大会では１試合も出場することがなかった。内田にとって大きな「心残り」となった大会、岡田武史はキーマンである。なぜあの決断をしたのか。そこにある監督としての哲学とは。内田篤人にとって過去と未来に欠かせない対談である。

内田　お久しぶりです。

岡田　引退してずいぶんテレビで活躍しているじゃない。

内田　ちょっとだけです。

岡田　今治《いまばり》にはいつ来てくれるの？

内田　すぐに！

岡田　よく言うよ（笑）。よろしくお願いいたします。

内田　直球で申し訳ないんですが、岡田さんから見て僕のメンタルはどう映っていましたか？

岡田 うーん、テニスの（ロジャー・）フェデラーみたいだったよな。

内田 ！！！！

岡田 そう。（ノバク・）ジョコビッチですら、精神的な浮き沈みを見せるんだけど、フェデラーはほとんど見せない。ウッチーも、まったく一喜一憂しないでしょう。心の中には何か思いがあるんだろうけれど、それをコントロールできる。そういうタイプだよね。

内田 最高の褒め言葉ですね。

岡田 言いすぎか。やっぱり違うか。

内田 いやいや、ありがとうございます！ ちょっと最初から僕の話ばかりで申し訳ないんですけど、選手としての内田篤人はどう見えていましたか。引退したら、岡田さんにだけはそれを聞いておきたかったんです。

岡田 コーチ連中と「ウッチーって若いのに、なんであんなに成熟しているんだろうね」って話したことをよく覚えているんだよね。そのくらい精神面ではチャレンジができるスタンスを持っていた。高卒でアントラーズに入って、いきなりスタメンで出て、どんどんいけるんだからね。浮き沈みはあるんだろうけど、それをコントロールできる。ピッチの面でいうと、攻撃的なんだけど守備もある程度、対応ができた。それまでの日本のサイドバックは、上下動を繰り返す、前に行ったら、すぐに後ろに帰れればいい、みたいなところがあったんだけど、ウッチーはインサイドにも繰り返し入っていけたよね。

内田　なんか、うれしいですね。引退すると岡田さんがすごく優しく感じます（笑）。

岡田　（笑）。何よりね、ボールの持ち方が素晴らしかった。ほとんどの右サイドバックの選手というのは、センターバックからパスをもらったとき、両足の真ん中くらいにボールを置くんだよね。そうすればすぐにバックパスができるから。でも、ウッチーは若いころから違った。右足で開き気味にボールを持てる。ボールを相手に晒《さら》した状態にするわけだから、怖いはずなんだ。これは、今でこそ多くのサイドバックがやっているけど、当時はいなかった。

内田　実はそれを現役中に岡田さんに言われるまで、意識していなかったんです。「自分の持ち味を出して前に行け」って言ってもらっていたことが、そういうファーストタッチになったのかな、と思うんですけど、あの指摘をいただいてから本当に視野が広くなって、パスの出しどころが増えました。

岡田　驚いたよね、初めて見たときに。

内田　だから、南アフリカワールドカップで予選はずっと使ってもらえていたのに、

©YUTAKA/アフロスポーツ

いざ大会に入ってスタメンから外されたとき、なんだよ、って思っていました。大会に入って、実際の試合を見て、「うわ、確かに今の俺はこのレベルにない」って悟ったんですけど、でもいまだに心残りはあって。

岡田　うん、うん。

内田　それは、あのとき試合に出ることを諦めたんですね。サポートに徹しようと思ってしまった。

岡田　ウッチーが自制心で抑えてるな、というのは感じていたんだよ。究極的にいえば、全員が試合に出たいわけでしょ。でも、実際にそれはできない。そのときに、チームのために自分をコントロールする選手と、俺を出せって前面に押し出してくる選手がいる。選ばれたことだけで満足する選手がいることだってある。指導者になると、そういうのはわかるんだ。ウッチーの場合は、なんでだよ、って思いながらそれを鎮めようとしていたよな。

内田　個人的には、その自分自身に不満があります。それまで頑張ってプレーしてきて、やっと選んでもらえたのに、自分が出る、ポジションを奪ってやるんだっていう意気込みを最後の最後で持てなかった。例えば、大久保（嘉人《よしと》）さんにしろ、（田中マルクス）闘莉王《トゥーリオ》さんにしろ、いい意味でわがままというか、自分をはっきりと出しますよね。僕は変にいい子になってしまったんだな、と感じたんです。それじゃあ、大舞台では活躍できないよな、小さくまとまっちゃうんだな、と。

岡田　でもね、チームは同じタイプばかりでもだめ、という側面もあるんだよね。選手はそれぞれタイプがあって、長谷部誠みたいな選手もいれば、ヤットのように飄々《ひょうひょう》としている選手もいる。そこに本田や大久保や闘莉王やウッチーもいる。それがある意味でいい面にもなる。南アフリカワールドカップのときに（川口）能活《よしかつ》を入れたでしょう?

内田　サプライズって言われましたよね。

岡田　あのときのメンバー選考で考えたのは、23人を選んで決勝戦まで行けたとして、それでも1試合も出られない選手が出てくるだろうということ。そして、その選手をどう選ぶのかがチームをまとめていくうえで大きなポイントになるだろう、と。

内田 それが能活さんだったわけですか。それはなぜですか。

岡田 あのときの能活はケガで1年間Jリーグで1試合も出ていなかった。でも、能活ほどの実績があるベテラン選手が、居残り組で必死になって練習している姿を見せていたら、誰も文句を言えないだろうと思ったんだ。

内田 そんな背景があったんですね。

岡田 実際に彼はチームキャプテンになって、いろんな意味でチームをまとめてくれた。昔の能活は全然違うタイプだったんだよ。自分が試合に出ること以外考えられないというくらい意志が強くてね。その能活がチームのためにと思って行動してくれるのは、とても大きかった。ある程度結果を出せたのも彼のおかげだと思っている。

内田 なるほど。確かに能活さんや(中村)俊輔さんが、控え組でバチバチやっていて、居残り練習もして、というのを見て、感じるものはあったんです。

岡田 俺としては、ウッチーがちょっと我を出したって全然、問題なかったと思う。

ただ、そのあたりも、ドイツで活躍をしている姿を見て〝ウッチーズウェイ〟だったんだな、と感じたよ。外にはそういう思いを出さず、内に秘めたままシャルケでその悔しさを晴らす。ウッチーらしいな、って見ていた。

内田　ありがとうございます。そういう姿ってどうやってわかるんですか。僕は岡田さんってちょっと怖くて、なんか見透かされているような感覚がずっとあったんです。

岡田　一挙手一投足、ちょっとした動作とかでだいたいわかるようになるんだよ、監督になると。だから観察はよくしているね。

私心をなくす

内田　岡田さんの前で言うのは恥ずかしいのですが、今回のお話は僕のメンタルの考え方についてまとめた本に収録させていただくものになります。岡田さんが現役のときはメンタルをどう捉えていたんですか？

岡田　俺らが現役のときはまだまだアマチュアで、根性論みたいなところがあった。例えば前日に酒を飲んで吐きながらでもやる根性があるか。それを言い訳にしないとか。

内田 すごいですね。

岡田 ちょっと変な方向に行っていたよね。でも、そういう時代だったんだよ。ただ、試合の日に「昨日ほとんど寝られなくて」とか言ってる選手はだいたいだめだったね。寝られなくても、それが普通なんだ、って割り切れる選手はメンタルが強い。そんなふうに思っていた。これは、仲のいい他のトップアスリートに聞いても一緒だったよ。

内田 そうなんですか。例えばどなたですか。

岡田 オリンピックでメダルを獲ったようなアスリートたち。柔道の山下泰裕とか、マラソンの瀬古利彦とかも、大舞台の前は寝たくても寝られないもんだ、そのなかでどう戦うかなんだ、って口を揃えて言っていたよね。

内田 岡田さんご自身は、「自分はメンタルが弱い」とおっしゃっていたのを記事で見たことがあるんですけど、それは本当ですか？

岡田 俺は神経質だったね。

内田 全然、そうは見えなかったです。

岡田 指導者になってからは肝が据わってきた。徐々にだけど。やっぱりそこは経験を積んだことは大きかったと思う。

内田　そういうことですか。僕も引退をして、サッカーを外から見るようになって指導者、特に監督はすごい不安を抱きながら仕事をしなきゃいけないんだなってわかってきたんです。現役のころはあまりわかっていなかった。

岡田　そうだね。答えがわからないことを決断する仕事だし、ましてやその決断が与える影響がものすごく大きい。ときには選手の人生にも関わってくるわけでしょう。そう考えると、適当には答えを出せない。考え込むほど苦しくなっていく。ウッチーもわかるようになってくれたか(笑)。

内田　いえ、まだまだです(笑)。では、上に行ける人・行けない人、そこにメンタルの違いってありますか。

岡田　間違いなくある。ひとつは大きな目標とか夢を持っているかどうか。日本代表になりたいとか、海外に行ってプレーしたいとか、ワールドカップに出たいとか、それがあるのとないのとでは、ものすごい違いになる。指導者は、自分が有名になりたい、勝ちたい、って「自分が主語」になるようではだめなんだけど、選手は自分が主語でなければ絶対にだめ。もうひとつは、考え方が常にポジティブであること。「俺はだめだ」って言っていると、本当にだめになっていく。格好だけのポジティブではいけないんだけど、心から苦しくても「今の俺にこれは必要なことだ」「これを乗り越えろということなんだ」って、チャレンジしている選手のほうが確実に伸びていくね。

内田 そうか。僕にそれがあったのかちょっとわからないですが、ポジティブという点では、長友さんとはよく対極のように見られていました。ポジションもそうでしたし。

岡田 本当に思っていることはわからないけど、ネガティブには考えないよな、長友は。そして身体が強かった。ウッチーは身体がしなやかで、痛みは我慢するタイプだったよな。長友はすぐ「痛い」って言ってた(笑)。

内田 でも長友さんは根性があるな、と思っています。どこに行ってもコミュニケーションがとれるし、なんだかんだでスタメンをとっちゃう。実は一番すごい人なんじゃないかって。

岡田 すごいよな。いいようにしか捉えないところも面白いよ。笑い話があって、代表の監督をやっていたとき、代表のマネージャーに用事があって電話したんだよ。そしたら長友と一緒にいるらしくて、マネージャーが「代わりますか?」って言うから話をしたら、開口一番「わざわざ僕のためにお電話くださってありがとうございます！」って言うから「お前のために電話したんじゃない」って答えてね。

内田　ははは。長友さんらしい。

岡田　悪気もないし、わざとそうしてるわけでもない。根っからそういうタイプで明るいやつだよな。

内田　でも、今の岡田さん、本当に印象が全然違います。さっきも言いましたけど、昔はピッチだけじゃなくてホテルでも、ずっと見られていて、何かを感づかれているって思っていました。今の岡田さんだったら良かったです(笑)。

岡田　みんなに言われるんだよ、それ。うち（今治）に駒野（友二）が来たときも「岡田さんってこんなに笑うんですね」って。俺はどちらかというと、浪花節《なにわ》でね、情が移るのが怖い。だから当時は、選手の前では一切お酒を飲まなかった。本当はいい人だって言われたいし、好かれたいというのが潜在的にあってね、そうやって防波堤を作ることで自分を保っていたんだよね。今の俺だったら、南アフリカワールドカップのときも「ウッチーを使っとけ！」とかね、「もういいよ！」ってなってしまう。そういう自分の弱さがはっきりとわかっていたから、必死になって線引きをしていた感じだよね。鬼にならなきゃだめだって。

内田　監督って本当に大変なんですね。メンバーを選ばなければいけない、それを伝えなければいけない。それだけでもきついのに、鬼にならなければいけない……。僕は指導者にも興味があるんですけど、まだ踏ん切りもつかない中途半端な状態なんです。岡田さんの話を聞いて、もっと勉強が必要だなと改めて感じました。ただ、何から始めるのか、そこも悩んでいます。

岡田 面白いね。ライセンスを取るための勉強、運動生理学とかバイオメカニクスは必要だし、やっておいたほうがいい。そこから先は経験だよ、やっぱり。本で勉強することよりまず、24時間サッカーのことを考える、人と議論をする。そうやって幅を広げていくことは大事だな。今、鬼にならなきゃいけない、って言ったけど、そう思う時点で嫌われたくないという思いが出てしまってる。この仕事は、ピッチに出した選手以外からは決して「いい監督だった」とは言われない。

内田 それはわかります。使ってくれる監督がいい監督で、そうじゃない監督は嫌いでした。

岡田 そう。**みんなに好かれようというのは無理なんだ。**ワールドカップには23人しか連れていけないし、11人しかピッチに送り出せない。そこで仕方がない、と腹をくくれるかどうか。そこで、肩を抱いて、頼むから我慢してくれ、と言うのではだめだよね。

内田　それは昔からそうだったんですか。

岡田　若いころはできなかった。でもそうやってみんなに好かれようとすると、足元を見られる。だから、日本代表の監督をやるとなったときは、チームが勝つためにどうするかだけで決めた。そうすれば、自分にも自信が生まれるし、外した選手にもはっきりと伝えられるじゃない。そして、例えば外した選手と1週間後にばったり会うことがあれば「おう！」って普通に挨拶をするんだ。だって、それは本当に勝つために私心なく実行したことだから、逃げも隠れもする必要がない。何も悪いことはしていない。そうやって決めるときは、私心をなくし、チームが勝つためだけを考えてやったかどうか、何回も自分に問いかける。

内田　すごい。でも、本当にどうすればいいか余計に悩みそうです(笑)。

岡田　俺はもうウッチーはジャニーズにでも入ってるのかと思っていたけど(笑)。それは冗談だけど、ウッチーとブラジルワールドカップ前に対談をさせてもらって、こんなに頭がいいのか、ってびっくりしたから、どんな世界でも生きていけるよ。もし本当に指導者に興味があって、情熱があるなら、苦労はするけどチャレンジするのは面白いはずだよ。

愛の5段階説

内田　チャレンジ。まさにそうですね。岡田さんはチャレンジする印象がすごい強いです。中国に行かれたりもしていますし、今治でもそうですよね。やっぱり、チャレンジは大事だと思われているんですか。

岡田　それは性格の側面が強いな。よくマグロだって言われるんだよ、止まったら死んじゃうって。確かにそうで、じっとしている時間をもったいないと感じてしまう。例えば、マリノスで1年目に完全優勝をしたときも、普通だったら翌年は同じやり方・同じメンバーをベースにすればいいはずなんだけど、それじゃ俺が面白くない。どうしても違うサッカーをしたいと思って、やり方もメンバーも変えたら、開幕戦で引き分けて、2戦目に負け、その次のカップ戦でも引き分けて、その間に1点しか取れなかった。これはひょっとすると降格するかもしれない、と思って慌てて選手たちに謝った。やり方も元に戻してまた優勝したんだよね。それで、3年目は今度こそ絶対に同じことはしないとやったらやはり結果が出なかった。でも同じことをやるとファイトが湧いてこないんだよね。ワクワクしなくて、まあ、厄介

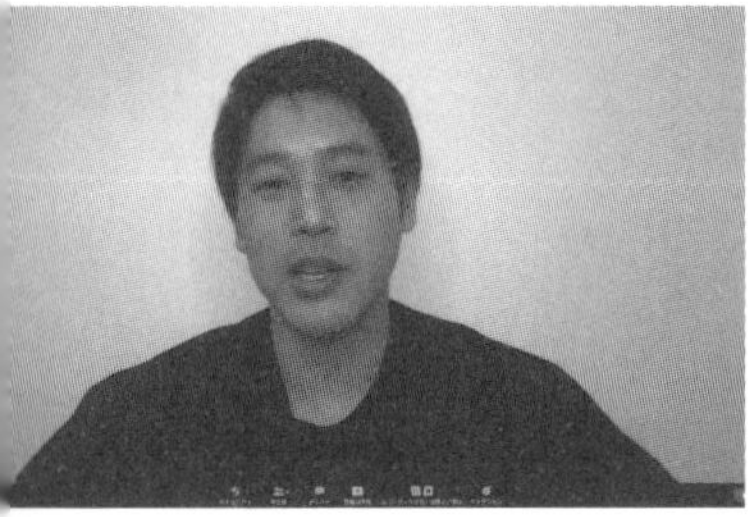

な性格だよな、と思うよ、我ながら。

内田　それもまたすごい話ですね。

岡田　今治もそうでね、始めるときも深く考えずに思い立って動いてしまったもんだから、やっていくうちに「これは大変だな」って気づき始めるわけだ。で、そのときにはすでに後ろにたくさんの人が付いてきてくれている。これはもうやるしかない、行くしかない、行くしかないって、だいたいそのパターン。

内田　でも行くしかない、は前向きですよね。

岡田　そうなんだけどね。ライフネット生命（保険）を立ち上げた出口治明《はるあき》さん（現・立命館アジア太平洋大学学長）に「大変なこと始めたね、会社を新しく立ち上げても9割が5年以内につぶれるんだよ」って言われて、びっくりして。だって9割だからね(笑)。やめようかとも思ったけど、いまさらやめられないと思っていたら、出口さんが「でもね、このリスクにチャレンジする人がいなくなったら社会は変わらないんだよ」って言ってくださって、そこでやりがいを感じた。

「どんなことがあっても5年後会社をつぶさない」」、そういうワクワク感を持ってね。

内田 本当にチャレンジですね。たくさんの著名な方の名前がお話に出てくるんですけど、岡田さんって会いたい人っていらっしゃいますか？ この質問、いろんな人にするんです。

岡田 今はペップ（・グアルディオラ）かな。

内田 へー！ 想定外でした。

岡田 だいたいの試合は「今、監督はこうしたい」とか「こういう意図だな、こんなふうに感じてるな」っていうのがわかるんだけど、ペップだけはまったくわからないときがある。（FC）バルセロナの監督のときの、バレンシア戦がまさにそうだった。バレンシアは4－4－2なのに、ペップのバルセロナは3バックで臨むんだよね。相手はサイドに2人ずついるのに、そこを1枚にするんだから、うまくいくわけないよな、と思っていたら、案の定そうで。15分くらいで4バックに変えるんだけど、じゃあ最初の意図はなんだったのか。なぜ3バックで臨んだのか、俺にはわからない。絶対に何かペップの頭の中にはあったはずなんだよ。そういうのを聞いてみたい。

内田 普通だったら、単純に失敗したんだ、って思って終わりそうですけど、岡田さんから見ると、ペップだから最初に意図があったはずだという見方をされるわけですね。なるほどなー。すみません、もうひとつだけ。夢ってなんですか?

岡田 夢? いきなり恥ずかしいな。

内田 すみません(笑)。僕は、現役時代からずっと小学生とかに「夢」を聞かれて答えることができなかったんです。そもそもサッカー選手になることが夢だったから、それがかなったあとに、言える夢がなくて。

岡田 本当に?

内田 はい。目標は言えても夢を言えない人って多いんじゃないかと思ってるんです。

岡田 この歳《とし》で夢を語るのもなあ……。俺は、人前では具体的な目標を答えているかもな。ちょっと長くなるけれど……、FC今治の企業理念は「次世代のため、物の豊かさより心の豊かさを大切にする社会創りに貢献する」こと。物の豊かさは数字に表せる売上や資本金、GDPとかそういうもの。一方で心の豊かさは、目に見えない資本。数字には表せない、知恵、信頼、共感や勇気のこと。我々に売れる「物」はないけど、感動や夢は売れる、そういうものを大切にする社会を残したい、これが夢だよね。そもそも俺は、戦争がない高度成長期という最高の時代を生きてこれた。じゃあ、3人の子どもにどういう社会を残せるのか。財政赤字は1100兆円を超える。MMT（現代貨幣理論）なんていう人もいるけど、俺にはただの借金の先送りにしか見えない。人口が減ってるんだから年金も崩壊する可能性が高い。東アジアは緊張関係にあって、環境問題も災害もある。このまま死んでいっていいのだろうか？　って考えるんだ。

内田　それは、いつから……？

岡田　ルーツは大学で出会った、恩師の堀江忠男先生という方で、ベルリンオリンピックのサッカー日本代表選手なんだけど、経済学者でもいらっしゃった。具体的にはマルクス経済学を研究対象に批判的な立場をとられていたんだけど、いつも「自分にとってサッカーはなくてはならないものだけど、一番大事なものじゃない」っておっしゃるんだ。俺はてっきり、一番大事なものは学問だと思っていたんだけど、違ったんだよね。これは、先生のお宅に行って話をさせてもらったときに先生の姿を見て気づいた。めちゃくちゃ怖い先生なんだよ。その怖い先生が、お子さんに、髪をくしゃくしゃにされているのを見て、俺は「絶対に怒られる」と思った。でも、全然怒らない。学生時分にはわからなかったけども、当たり前だよね。自分の子どもはかわいい。一番大事なものは、愛情だ、と思った。

内田　愛情ですか！

岡田　先生に尋ねたんだよ。「先生の一番大事なものってひょっとして愛情ですか？」って。そしたら、「そうだ。俺は人類愛のために学問もサッカーもやっているんだ」と。そのときに、俺は「岡田の愛の5段階説」というのを作った。

第1段階は自分を愛する。

第2段階は別の人を愛する。これはパートナーとか、そういう人。

第3段階は、家族・友人を愛する。

第4段階が先生のおっしゃった人類愛。

本当はここまででいいんだろうけど、もうひとつ、第5段階は〝地球愛〟を作って、今自分がどの段階で生きているのか、決断しているのか、行動をしているのかを考えた。自分だけのために生きているのか、パートナーのことも考えて生きているのか……。先生は「人類のことを考えている」とおっしゃった。そこで、俺も死ぬまでに人類愛のために生きていると言えるような仕事・行動・生き方をしたい、というのが最終的な夢になったんだよね。

内田　それが今治ですか。

岡田　そうつながっていたらいいな、って思ってやっているんだよ。60歳を過ぎてこんなことを言うのは恥ずかしいな。だけど、学生時代からずっとそう思っている。
内田 本当にすごいですね。やっぱり、すごい。
岡田 とんでもないよ。ウッチーはまだ若くて、これからなんだから夢なんて考えるものではなくて、自然と目の前に現れてくると思う。家族・子どもがいて、幸せにしてあげたい。身代わりになれるくらいかわいいだろ？
内田 いや、本当にそうです。
岡田 そう思い続けたときに、いろんなことが浮かんでくるはずだよ。
内田 ありがとうございます。すごく勉強になりました。
岡田 年齢を重ねると、ワクワクしても身体がきついからね。でもチャレンジできるのはありがたいよ。少しは今治に来る気になったか？
内田 はい！ ぜひまた話を聞きに。
岡田 そっちか(笑)。女子社員がキャーキャー言うからいいか、それでも(笑)。
内田 本当に行きます、本当にありがとうございました。
岡田 待ってるよ。

第5章

ウチダメンタル・メソッド（日常編）

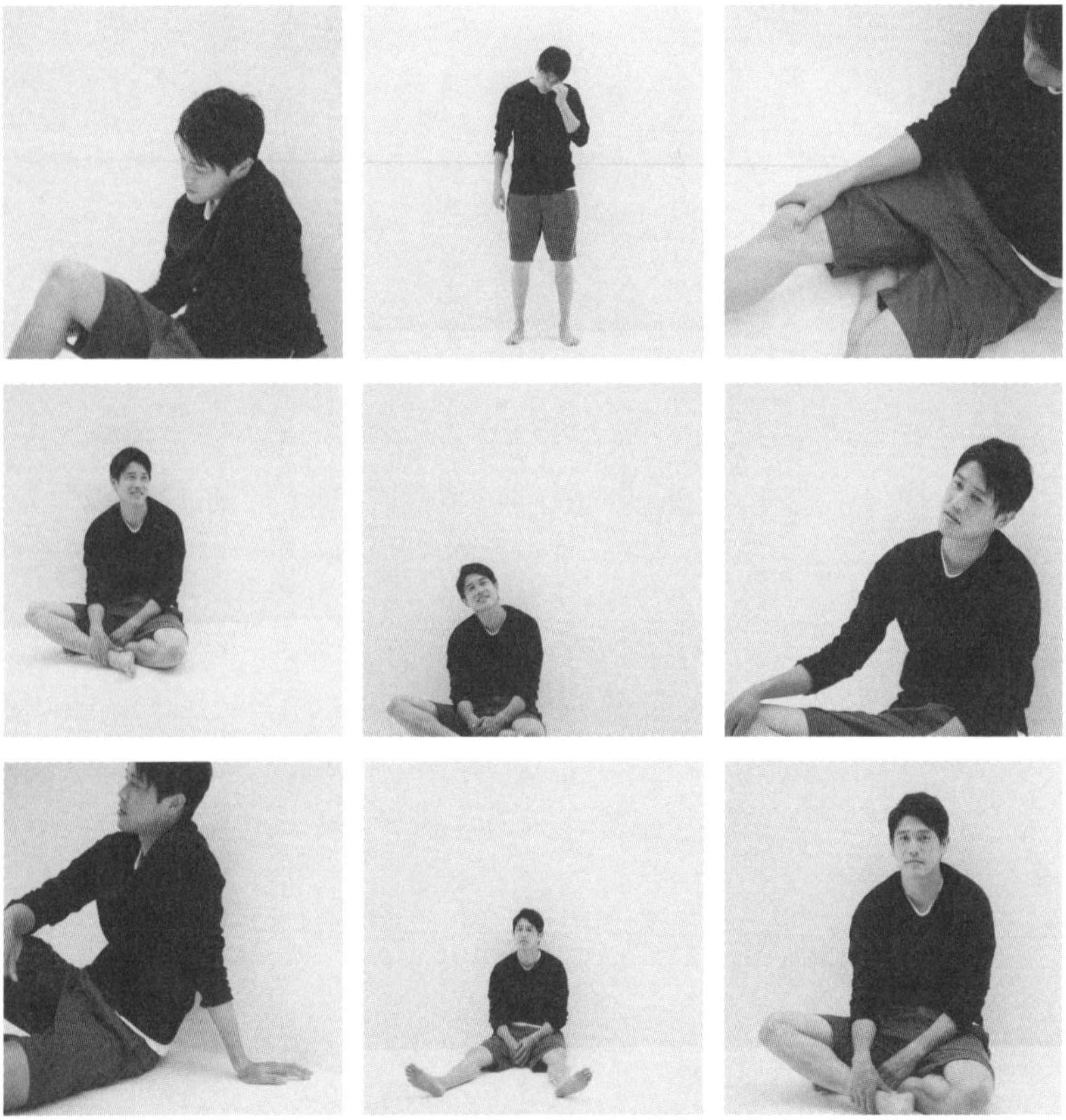

ここまで何回か「カッコいい」「カッコ悪い」という表現を使ってきた。

ウチダメンタルにとって、この基準は重要だ。

自然体だね、とか、淡々としているよね、と言われることが多い。

やる気がないわけじゃないけど、力みがない。そんなふうに思われているのかな、と感じることはある。自分自身では、斜に構えていてあまのじゃくだからね、って思っている。

それをポジティブに見てくれる人がいるのはありがたい。人徳かな(笑)。

ただ、そうやって言ってもらえるのは心の振れ幅が少なく済んでいる証拠なんじゃないかな、とも思っている。

そのための振る舞いとして気をつけていることがある。

その行動は、言葉は、生き方はカッコいいか？　を考える。カッコいいほうを選択する。というより、カッコ悪いことをしない、のほうが近いかもしれない。

例えば、試合に負けたり、出られなかったり、情けないプレーをしたり……そういうときこそ、最初にメディアに答える。できるだけ淡々と対応する。答えるのをやめたり、ファンに申し訳ないです、みたいなことは絶対言わない。

今はSNSとか、選手自身が自分の言葉で発信する機会が増えた。メリットもたくさんある。

ただ、試合が終わったあと、特にパフォーマンスが悪かったときに、長々投稿するのはあまり好きじゃない。カッコ悪い。だから僕はそういうことはしない。

じゃあ、どんな人が「カッコいい」のか。「カッコいい」にはどんな条件があるのか。

前の章では、つらいときにどうウチダメンタルを使って向き合ってきたかを書いたけど、ここからは、そうじゃないとき、つまり日常における「メンタル」について書きたい。

キーワードは「カッコいい」だ。

カッコいい人１

小笠原満男はスゲェ

僕を知ってくれている人は、小笠原満男という選手を知っているはずだ。満男さんは、長い間トッププレイヤーとして日本サッカー界を支えてきた。特に鹿島アントラーズにおいては、「アントラーズイズム」を体現する人物として尊敬を集めている。僕も同じように思っている一人。

18歳でアントラーズに加入した僕は、そのレベルの高さに圧倒された。同時に「カッコいいチームだな」と思った。

試合に勝って当たり前。負けてもさっと切り替える。凹《へこ》まない。象徴する存在が満男さんだった。あの人、勝っても負けても、本当にすぐに帰っちゃうし。

もちろんそういう姿だけじゃない。満男さんは実際のピッチで決定的な仕事をする。結果を出してくれる。

僕はサイドバックでプレーをしていたから、ほとんどの選手の背中を見てプレーしてきた。後ろにいるのは、ゴールキーパーとセンターバックくらい。試合中、あ、あそこにボールを出されたら嫌だな、と思うことがある。そんなとき、決まって満男さんの姿が現れる。スペースを埋めてくれたり、ファールで止めたりして危険の芽を先につぶしてしまう。

決して派手な仕事じゃないけど、そういう満男さんの姿を見てカッコいいなってずっと思ってきた。

決して自分を良く見せようとか、着飾るわけではなく、アピールするわけじゃない。人に知られなくても、わかる人にはわかる仕事をする。きっと、「小笠原満男」と仕事をしたことがある人は、口を揃えて言うと思う。

「あの人はスゲエ」って。そういうカッコ良さに憧れる。

カッコいい人2

殴られてもヤス

この見出しを見て、ヤスを遠藤康だと思った人は相当な鹿島通、内田通だと思う。でも、違う(笑)。そっちの「ヤス」じゃない。ごめん、ヤス。

実は活字は苦手。あんまり本は読まない。でも、漫画は大好きだ。ドイツにいるころは本棚いっぱいに好きな漫画を並べていた。全巻揃えないと気持ち悪いタイプ。好きな漫画はたくさんあるけど、『スラムダンク』は僕に人生を教えてくれたといっていいくらい愛読した。

登場人物はみんな個性的で味がある。

カッコいい、といえば流川楓。イケメンでそもそもカッコいいキャラだけど、とにかく「さらっとすごいことをする」ところに憧れる。女性にもモテるんだけど、自分自身には無頓着。髪の毛はぼさぼさだし、ぼーっとしてるように見えるし。

山王工業のキャプテン、通称・ピョン吉もいいなあ。まさに心の振れ幅が少ない典型みたいなやつで、史上最強のチームを率いるリーダーにふさわしい雰囲気がある。大事な試合で自分の役割を果たす。決して感情的にならない。落ち着いている。さすがだよな、と思う。

サッカー選手・内田篤人でいえば、あんなプレイヤーでありたいと思っていた。簡単にすごいプレーをしちゃう陰で支える人、みたいな。本田さんや真司が決してやらないポジションだ。

ただ、メンタルを中心に考えたとき、人間・内田篤人として「こいつスゲエ、カッコこいい」と思うのはヤスだった。

ヤスこと安田靖春は、湘北高校の補欠のポイントガード。身長は165センチしかなくて存在感があるわけじゃない。年下である主人公・桜木花道にどつかれたりして大変な役回りだ。なんとなく、いじられ役みたいな雰囲気がある。

そんなヤスだけど、ここぞというときに男を発揮する。僕が「かっけー（カッコいい）」と思ったのが、ミッチーこと三井（寿）がまだ「バスケがやりたいです」っていう名言を発する前、バスケットボール部に殴り込みに行くシーンでのヤス。もう、殴る気満々の不良・ミッチー軍団は、実際に（宮城）リョータをボコボコにしちゃったりする。みんなが動揺しているとき、すっと前に出てきたのがヤスだった。

「やめてください」

そう言ってなんとかみんなを守ろうとする。

「頼むから帰ってください、お願いです」

「試合が近いんです」

「今年はいい新人も入ったし、リョータも戻ったし、もしかしたら行けるかもしれないんです」

「全国に…」

カッコいい。

静かだし全然目立たないし、試合にだってそんなに出られない。でも、これだけ落ち着いている。結局、ヤスも殴られちゃうんだけど、進んで前に出たあの姿は本当にカッコ良かった。

カッコいい人3

〝さんまさん〟と〝まっちゃん〟

現役を引退して、サッカー選手時代には会えなかったような人と話や、仕事をさせてもらう機会が増えた。改めてわかったことがある。みんな頭がいいし、カッコいい。

怒られるかもしれないけど、サッカー選手は全然、考えが足りないな、ってことを知った。

なかでも、(明石家)さんまさんとまっちゃん(松本人志)は本当にすごかった。

——あ、きっと業界的には「松本さん」なんだろうけど、僕にとっては雲の上の存在で、いつでもテレビの中にいたあの「まっちゃん」のままだからこの呼び名でいいよね。

さんまさんのカッコいいところは、やるだけやってぱっと帰っちゃうところ。

テレビ番組に呼ばれると事前に、番組の内容や話すことなんかを打ち合わせて、すり合わせをすることがある。結構、時間をかけてやるから、番組ひとつをやるにしても見えないところでやらなきゃいけないことが多くて大変なんだなあと感じていた。

それが、さんまさんの番組にはなかった。

僕を含めて出演者が席について収録が始まるのを待っていると、さんまさんは決まって最後にやってくる。

「お願いします」って言いながら入ってきたと思ったらすぐに収録が始まって、終わったら「ありがとね」って帰っちゃう。マイクを外しながら。

まっちゃんはずっと会いたい人だった。ダウンタウンが大好きだったから。

でも、一回会っちゃうと、イメージと違ったら嫌だな、好きな人は好きな人のままでいたいな、って思うタイプの僕は、ちょっと緊張しながら対面した。

そしたらやっぱりすごかった。

なんかめちゃくちゃ頑張ってる感じがしないのに、一言、二言で爆笑を生んじゃうんだよね。やべえ、頭いいな、この人。やっぱりカッコいいなって。勝ち点3だけ取って、お疲れさん。

サッカーでいえばそんな感じ。これって鹿島の雰囲気だったりする。

こういう人たちって、きっと昔はとんがっていたんだろうけど、だんだん優しくなっていく。その優しさが一味、ふた味違うんだよね。

カッコいい人4

川島永嗣はメンタルモンスター

たくさんの人とピッチでプレーし、話をしたり、会ったりしてきたけど、メンタルに関して、この人みたいになりたい、と思ったことはない。

メンタルは頭。人それぞれだし、僕にとっては僕がどう捉えるかですべてが変わると思っている。だから、あの人みたいなメンタルになりたい、というふうには思わない。あの人はこうか、じゃあ俺はこうだな、がセオリーだった。

ただ、メンタルがすごい人、といわれれば何人も名前が挙がる。

再三書いているように、満男さんはカッコいい。他にも、同じ世代でいまだに海外でプレーしている選手たち、長谷部さんや本田さん、長友さん、麻也なんかは本当に根性がある。メンタルも含めて、スゲエなあ、と思う。似てるのは岡ちゃん、これも書いた。

そんなカッコいい、すごい人たちを総合して「すごいナンバーワン」を挙げるとしたら、川島永嗣さん。

永嗣さんは僕より５つ年上で、日本代表のゴールキーパーとしてもずっと活躍をしている。海外に行ったタイミングも僕がドイツに移籍したときとほとんど同じだ。あれから、10年以上が経っているのに、まだ海外のチームと契約してプレーを続けている。しかも、それがレギュラーを保証されていないどころか、３番手、４番手の契約だったりした。

選手にとっては試合に出ることがすべてだ。いくら、チームのなかでの役割があろうと、試合で結果を出し、チームを勝たせることができなければ意味がない。そのチャンスをくれる「試合に出してくれる監督」はいい監督だと思うし、そうじゃなければ嫌な監督になる。そのくらい試合に出られるかどうかは重要だ。

特にゴールキーパーというポジションはひとつしかない。その3番手、4番手というのは、シーズン中に試合に出られる可能性がほとんどない、と言われているのと一緒だ。永嗣さんはそんななか、ずっと耐えながら、海外でのプレーを選択し続けている。ベルギーで2クラブ、スコットランドを経て今はフランスで2クラブ目。その途中には在籍クラブがない時期もあった。実績のあるベテランでありながら、練習参加をして――これって、入団テストみたいなものなんだけど――、チームを見つけてきた。

永嗣さんが日本に帰る、といえば1番手で契約してくれるチームはあるはずだ。でも、永嗣さんはそれをしない。

何回か、永嗣さんに聞いたことがある。

「もう帰ってきたら?」って。

3番手や4番手の契約だから年俸だってそんなに高くはないはずだ。30代後半を迎えている。実績もある。ちょっと失礼な言い方になるけど、もしそんな状況で成功したとしても、その先に何があるんだろう？　って僕だったら感じてしまう気がする。

なのに、練習参加をしてまで海外にこだわる永嗣さんは、「チャレンジです」って言うんだよね。

そういうメンタリティだけでも、僕からしたら尊敬の対象なんだけど、永嗣さんがすごいのは、そこで結局、試合に出始めちゃうことだ。

ロシアワールドカップもそういう「すごさ」が出ていた。セネガル戦で、永嗣さんのミスから失点をした。普通だったら、あそこで凹んじゃう。批判だってすごかったでしょ。でも、永嗣さんはあそこから持ち直しちゃう……。いやあ、本当にスゲエ、としか言いようがない。

きっとそこに永嗣さんにとって大事な、集中すべきこと、熱中できることがあるんだろうと思う。そういう人がきっといいメンタルしているんだろうな、って思う。

ちなみに永嗣さんは、僕にとって安心できる、心を許せる先輩でもある。長谷部さんと、永嗣さんと麻也と僕。４人のグループラインがあって、それは精神安定剤みたいな役目を果たしている。３人とも、僕の感覚を理解してくれる頼れる人たちで、これからも内田篤人をよろしくお願いします、って思っています!

ウチダ流カッコいいの条件 1

虚心坦懐

ずっと財布に忍ばせていた言葉がある。

それが「虚心坦懐」。

書いたのは奥野遼右《りょうすけ》さんという、鹿島のコーチだった人。今はザスパクサツ群馬の監督をしている。かつては鹿島でセンターバックをしていて、秋田豊さんとコンビを組んでいた。ディフェンダーとして尊敬する先輩であり、コーチ時代はまだ若かった僕に、たくさんのアドバイスをしてくれた。

奥野さんは小さな紙にその言葉を書いて、裏側にするとその意味まで綴ってくれた。

「なんのわだかまりもない、素直な心で物事にのぞむこと」

もらったのは南アフリカワールドカップに行く前、食事をしたあとのこと。何気なしに渡してくれた。めちゃくちゃいい言葉だな、って思った。

というか、それをした奥野さんもカッコいいよね。

でも、実践するとなるとすごく難しい。

事実として、この直後のワールドカップで僕は素直な心でピッチにのぞめていない。レギュラーを外されて腐りかけて、サポートに徹しようと、自分の心を封じ込めた。

ドイツでも、日本代表でも、素直じゃない僕が何度も現れたと思う。

でも、この言葉の意味がそのたびに僕を救ってくれたことも確かだ。試合に出られなくても、ケガで苦しい日々が訪れても「何も考えず、一生懸命に練習して、チームのために、自分のために頑張る」、そう理解して過ごした。

これって、心の振れ幅を保つ、メンタルのスイッチをオフにする、なんかそういうエッセンスが詰まっている気がする。
虚心坦懐。
まだまだ足りない部分もあるけど、この言葉が実践できるようになる。
それが、僕なりのカッコいい男、カッコいい生き方になる気がしている。

ウチダ流カッコいいの条件 2

頭がいいより、頭が切れる

東大を出ている、って聞くと「頭いい！」って思う。実際、そうだ。
僕は高校を出てすぐに就職をしたから、その意味では絶対に頭がいい、とはいえない。知らないことが、いっぱいある。

ただ、頭がいいにはなれないけど、頭が切れる存在にはなりたい、と思っていた。知識があるとか勉強ができる、ではなくて、回転が速い、スマート、みたいなイメージ。そしてそれは、今も憧れたままである。

まっちゃんの話を書いたけど、番組で実際に会ってみて、まさに頭が切れるな、って感じだった。美しい、とすら思った。「一を聞いて十を知る」とはよく言ったもので、まさにそんな感覚。現場の空気を感じつつも、流れのなかでどうにかしちゃう。

サッカーもおんなじだった。これもちょっと触れたけど、鹿島でペーペーだった僕と組んだ岩政さんは、理屈っぽいけど、言うことはいつも同じだった。全部言わなくてもわかるだろ、みたいな感じ。それに気づいて、僕も「はいはい、わかってますよ」って、そういうコンビネーションができるようになっていった。

仕事ができない人ほど、一から十まで全部言おうとする。

サッカーもそうで、いつだって全力で走ってやろう、汗をかいてやろうとする。僕がやっていたサイドバックは上下動を繰り返す、いわゆる運動量がものをいうといわれてきた。実際、それは大事で、求められてきたことでもある。

ただ、年齢を重ね、ケガが増えてそれだけじゃあやっていけなくなってきた、チームを勝たせるパフォーマンスができなくなってきた。だから、考え方を変えた。「どれだけ走って勝たせるか」から「どれだけ走らないで勝たせるか」、に。

できるだけ余計なところで走らない。効率的に走力を使う。つまり、それはどれだけシンプルに、いらないスプリントをそぎ落としていけるか、ということだ。

頭が切れる、スマートっていうのはそういうことだと思っている。

まっちゃんも、岩政さんも、全部をやろうとしないし、させようとしない。これまで出会った、頭が切れるな、スマートだなって思う人はみんなそう。いろいろ経験をし、思考を重ねるなかで、無駄なもの・効率的じゃないものがわかってきて、それをそぎ落としていったんじゃないかな。

そうすると究極にシンプルになっていく。それが頭が切れる、なんだと思う。やっぱり、そういう姿に自分もなりたいな、って思う。

ウチダ流カッコいいの条件3

とにかく、優しい

「人頼み」でここまでやってきたところがある。

特に私生活では、他人の力を借りまくってきた。

ドイツ時代の身の回りのことは、ドイツに住んでいるお手伝いさんが食事から洗濯、掃除と手を貸してくれ、ドイツ語はその旦那さんに習っていた（笑）。どこかにちょっと旅行に出るときはだいたい麻也が手配してくれるし、驚かれるかもしれないけど、ドイツで自分で電車のチケットを買ったことがない。ドイツ語、わからなくて（笑）。

他人の力は偉大だ、もっと頼ろう。

代わりといっちゃなんだけど、そうやって力を貸してくれた人にはちゃんとお返しをしたいな、って思っている。そういうところは、ちゃんとしたい。

サポーターにはいろいろなところで力をもらってきた。結果でお返しするのがすべてだって思いつつ、試合に出られないことも多くなってからは、どうやったらそれができるのか、考えていたこともある。

練習を見に来てくれているのであれば、サインをする。写真を撮る。そのくらいはちゃんとしたい。ちょっとメンタルをオフにしていて、笑顔が少ないこともあったかもしれないけど、お返しの気持ちはちゃんとあったよ(笑)。

そんな話を編集者の人としていたら、「内田さんは優しいよね」って言ってもらった。「優しいかな?」「優しいの反対の言葉ってなんだろう?」なんて考えていたら、その編集者さんが、めちゃくちゃレアな話をし始めた。

いわく、僕が鹿島にいるとき、スタジアムに応援に行くサポーターの夫婦に会った。夫婦はすっごい大荷物で、お父さんは赤ちゃんを抱っこしていた。で、車で通りかかった僕は、そのご夫婦に「乗って行きますか?」って、声をかけてスタジアムまで送った——。

それを聞いて、思い出した。そんなことあったよ! 俺、優しいんだよ!

ってそれは冗談だけど、あのとき僕はケガでスタンドから観戦する日だった。

だから自家用車でスタジアムに向かっていたんだけど、まだスタジアムまでずいぶん距離があるところで、子どもを抱えた、アントラーズのユニフォームを着た夫婦を見つけた。これめちゃくちゃ遠いよ？　って思って、声をかけて、一緒にスタジアムに行った。

よく知ってるなーって、思ったけど、シャルケ時代にもファンを送ったり、記者の人を送ったりすることはあった。

声をかけたのも車に乗せたのも、特別な意味があるわけじゃなくて、大変そうだなって思ったから、とか、同じ方向に帰るならって、そのくらい普通のことだ。

その編集者さんがこの話を知ったのは、車に乗せた夫婦が感激してSNSに上げていたかららしい。普通のこととしてやったことが、いつも力をもらってるファンの人の力になって、うれしいと思ってもらえたなら、少しはお返しができたのかなと思う。

ただ、こういうのって自分で言うことじゃないし、書くことじゃないよね。今回は、メンタルの本っていうことで、お返しのひとつとして自分の思いを書かせてもらってるので、そこはご容赦ください。

こうやってちゃんとお返しをする（できれば、気づかれないように）、という点で、何度も出して申し訳ないけど、満男さんはすごいお手本だった。

みんなも記憶にあるだろう、東日本大震災のときのこと。僕はドイツにいて、テレビから伝わってくる惨状を見て、どうすればいいのか、何ができるのか、めちゃくちゃ悩んだ。

そんななかで岩手県盛岡市の出身で、人一倍、窮状に心を痛めていたのが満男さんだった。

満男さんの活動はすごくて、震災が起きて1週間後には被災地に足を運んでいた。自分に何ができるのか、現状はどうなっているのか、自分の目で確かめたかった、って言っていた。そしてそこで、子どもたちが口にした言葉がショックだった、とも。

「（サッカーは）一生懸命にやればうまくなるから、って伝えたら、『僕たち、サッカーをする場所がないんです』って言われた」

満男さんはそこから「東北人魂を持つJ選手の会」を立ち上げて、被災地の支援を始めた。サッカーだけじゃなくて、スポーツをする場所・機会を作ること。子どもたちを笑顔にすることを目的として、運動会を開いたりもした。

僕もちょっとだけお手伝いをさせてもらった。

「サッカーボールや、スパイクは送ったから足りてるけど、運動会ができないんだよな」

ぽつりとそう言って満男さんは運動会のためにグラウンド作りまで始めていた。じゃあ何が自分にできるかな、って考えたときに、綱引きの綱や玉入れの玉を送ろうって。

こういうとき、アスリートは契約しているメーカーがあるから、その人たちに聞くとだいたい手配してもらえる。もちろん、お金は払うけどね。それで、僕が契約しているアディダスに話をしたら、「綱や玉はない」って……まあ、そりゃそうか。

じゃあ、父親だって思って連絡をした。僕の父は、体育の教師だ。お願いしたらもう、すぐに全部を手配してくれた。実は、僕が父にした人生初の「お願い」だった。

父親は、復興への思いももちろんあったと思うけど、いつも息子の僕の面倒を見てくれる満男さんへの〝恩返し〟だって思ってくれたみたい。

そして、その満男さんも、被災地に対するさまざまな活動を、地元への「恩返し」って言っていた。

ふだんはまじめで、授業を受けたことのある同級生からは「怖い先生だよね」って言われていて、僕自身もほとんど会話をしたことがなかった父親が、うれしそうだった。

綱や玉は満男さんに内緒で買った。でも、あとでそれが知られたらしい。満男さんが「申し訳なかったなぁ」って言っていたって人づてに聞いた。でもきっと、満男さんは喜んでくれたと思う。

お返しは、大事だ。こうやって、人が喜んでくれるから。

他人に頼りながら、他人に返す。だから信頼できる人たちとつながっていたいし、どう見られているかを気にする。カッコ良くいよう、と思う。

そのあたりは、自分のなかで揺るがないことだ。

この話をしていて思うのは、出てくる人みんな優しいことだ。映画『アウトレイジ』の逆で、「全員優しい」。優しいってカッコいいんだと思う。

ウチダ流カッコいいの条件 4

年下に慕われる

先輩に好かれるのは、僕のひとつのストロングポイントだったなって振り返って思う。

理不尽な上下関係があった部活だって、周りが怖いっていう先輩とも僕は仲良くやれたし、プロに入ってからも「この人」って先輩にはかわいがってもらった。

どうしたらそんなことできるの？　って気になるでしょ。これは、ズバッと答えられるよ。二つポイントがあって、ひとつは「ヨイショ！」。そして、もうひとつは「根性！」。

我ながらひどい答えだね（笑）。

でも、これは本当にそうで、まずしっかりヨイショをして、「こいつ面白いな」って思ってもらう。そして、やるべきところはしっかり歯を食いしばって「こいつ使えるな」って思ってもらう。これが肝だ。

ベテランになってからは「逆」についても考えるようになった。

自分が先輩だったら、って。

やっぱり後輩に慕われる先輩はカッコいい。慕われない先輩はカッコ悪いでしょ。慕われる先輩の周りには後輩が集まる。

だから僕自身も、先輩にしてきてもらったように後輩にはできる限りのことをしてやりたいと思っている。下手にヨイショばっかりしてきたら、わかっちゃうから、後輩たち、そこは気をつけてよ(笑)。

ウチダ流カッコいいの条件 5

いつでもオリジナル

「ああなりたい」より「ああはなりたくない」。

それが行動基準になってきた、って前に書いた。

満男さんや、ヤスやさんまさん、まっちゃん。素直にカッコいいと思える人に対しても、近しい感覚がある。

「ああはなりたくない」ではなくて、「同じじゃいけないな」って思いだ。

尊敬する人たちは文句なくカッコいい。

じゃあ、「内田篤人」を考えたときに、そうなりたいと思うべきか。

答えは「ＮＯ」だった。

例えば、僕はチャンピオンズリーグでも最も好成績（ベスト４）を挙げた日本人選手だ。その結果には誇りを持っている。シャルケというクラブに感謝しかないし、本当にあのチームメイトは素晴らしかった。

でも、じゃあ僕がそれにふさわしい、飛びぬけてうまく、技術のある選手だったか、といえば決してそうじゃない。サッカーの個人能力がずば抜けているわけじゃなかったしね。

ラウールのようにはなれないし、フンテラールにもなれない。満男さんみたいなプレーはできないし、さんまさんやまっちゃんみたいな機転もない。

だから同じじゃいけない、という意識だけは常に持つようにした。

自分なりのカッコいい像。

それを、「ああなりたい」「ああはなりたくない」という目線で人を見ながら、じゃあ自分はどうすればいい？　どう行動すればいい？　どう見られている？　って感じようとすることで、作り上げようとした。

だからみんなも決して、「内田篤人」みたいになりたい、なんて思わないでほしい。そんなやつ、いないか(笑)。

最終的に重要なのは、じゃあ自分がどうなりたいか、だ。

それがカッコいいし、心の振れ幅を保つウチダメンタルにとって重要になる。

特別対談 3

佐藤可士和 × 内田篤人

無理をしないは、カッコいい

KASHIWA SATO

日本を代表するクリエイティブディレクター。博報堂から2000年に独立し、「SAMURAI」を設立。「ファーストリテイリング」「楽天」「セブン‐イレブン」「日清食品」「HONDA」など、名だたる企業のブランドコミュニケーション戦略、ロゴデザインなどを手がけている。

Photo:Yuichi Sugita（POLYVALENT）

カッコ良さ。内田はさまざまなトップアスリートを通じてその重要性を学び、自身の「ウチダメンタル」に落とし込んできた。単純に見栄えがいい、ということではない。人としての姿勢・行動がストレートににじみ出たときに見えてくるもの。

――果たしてそれは、ビジネス・デザインのトップで活躍する佐藤可士和にとっても重要なものだった。なぜ、カッコいいが大事なのか。そもそもカッコいいとはなんなのか。異業種のトップによる語り合いからヒントが見えてくる。

佐藤　はじめまして。主にデザインの仕事をしています。

内田　内田篤人です。佐藤可士和さんのデザインは自分の日常の至る所にあると知って、お会いするのが楽しみでした。セブン‐イレブンも、ユニクロも、そしてくら寿司も。くら寿司はよく行きます、子どもが大好きなので。

佐藤　ありがとうございます。浅草にグローバル旗艦店というのも作っていますのでぜひ、行ってみてください。

内田　そうなんですね。本当に幅広い。実はユニクロの広告に出させてもらうことになって、佐藤可士和さんがブランディングやデザインをされていると知りました。僕はサッカーしかやってこなかった人間なので、そこでできた価値観やメンタリティしか知らないんです。

カッコいいとは何か？

内田　デザインというと、カッコ良さという基準もあると思うんですが、僕自身もカッコ良さ、みたいなものは生き方のひとつの判断基準になっています。

佐藤　例えば、どんなカッコ良さですか。

内田　例えば「男は黙っていたほうがいい」。なので、ＳＮＳとかが苦手で、やたら自分を発信していたりするのを見ると、「カッコ悪いな」って感じてしまう。

佐藤　そうなんですね。

内田　古いタイプの考えなのかもしれないです。その「おとこ」も「男」じゃなくて「漢《おとこ》」と表現したいくらい昔っぽい……。

佐藤　なるほど、そっちの「漢」ですか。

内田　はい。ですから「カッコいい」は女性に言われるより男性に言われたほうがうれしい言葉、という感覚もあります。自分のなかで、その行動や判断は「カッコいいか？」「漢としてありか？」と問いかけながら、やってきたところがあるんです。

佐藤　男性にカッコいいと言われたいという、その感覚はすごく共感します。僕もそういうイメージを持ってるので。

内田　ただ僕の場合は、それが漠然としているところがあります。可士和さんのなかで、カッコいいの定義を考えたりされますか。

佐藤　考えますね。企業のブランディングをやっているわけですから。これは、みなさんに納得していただけるかわからないですが、美しいや強いもカッコいいと同じようなことなんじゃないかな、と考えています。やっぱり、**ただずまいに魅力がないと、「いいな」と思ってもらえない。それはブランドも**

人も同じじゃないかなと。

内田　たたずまい。わかる気がするんですけど、もう少し詳しく聞かせてください。

佐藤　逆から考えるとわかりやすくて、一番カッコ悪いのは、無理していることだと思うんですね。よく「イタイ」と思われる、って耳にするんですけど、それは無理しているから。だから、僕は正直であること、人にも自分にも嘘をつかないことがカッコ良さの秘訣《ひけつ》だと思っている。そして、そういう人はおそらく強い。どこかで嘘をついたり、ごまかしたりすると、その時点で弱いな、って思ってしまいます。ですから、**正直でクリーンでいること、それは強くてカッコいいことだろう**、と。

内田　無理をしない姿、それがたたずまいなんですね。

佐藤　そうですね。人それぞれ自分の姿みたいなものがある。だからその人らしくいられることが大事なんじゃないですかね。僕自身は、自分がそうできているかどうかは別として、「潔い」という美意識はすごく好きです。小さいときに武道をやっていた影響があるかもしれません。

内田　武道って凜《りん》としていますよね。
佐藤　そう、精神性が入る。だから好きで、そうありたいなと思っています。「潔い」って英語にも訳しづらいんですね。いつもなんて訳すんだろうって考えるんですけど、日本語にはそういう言葉がいろいろとあって、そこにも魅力を感じますね。
内田　なんかわかる気がします。ドイツで仕事をしていて、やっぱり日本ってスゲエな、って思うことがたくさんありました。
佐藤　ですから、なかなか難しいけど、そうなれるように……どっちかというと憧れかもしれないですね。それは仕事にも少なからず影響を与えていて、僕は日本にずっと住んでいるから、そういう美意識みたいなものが入ってきていますね。
内田　デザインのなかにですね。
佐藤　カッコいいでいうと、ＴＰＯという表現が正しいかわからないですけど、周囲との距離のとり方。今、そんなことやっちゃだめでしょう、ということをやらない。それもカッコいい・悪いに影響するんだろうな、と。

アイデアは生み出すものじゃない

内田　可士和さんのお仕事は僕にはちょっと想像がつかない領域なんです。例えば、ユニクロのロゴは、日本からアメリカに進出するときに変えられたとうかがって、じゃあなんで「ひらがな」じゃないんだろうって思っていました。日本といえば、ひらがななんじゃないかな、と。

佐藤　ユニクロのロゴはひらがなだとだめなんですよ。

内田　だめ？　だめなんですか？

佐藤　ひらがなは漢字を簡略化したものです。カタカナは、例えば外来語、外国からきた言葉を日本語で表すときに使うことが多い。例えばサッカーがそうですよね。

内田　はい。横文字のですよね。

佐藤　横文字を日本語に変換しているでしょう。で、ユニクロが行っていることも同じなんですよ。アメリカで生まれたカジュアルファッションを日本風に再解釈して、また世界に提示していく。だから**ユニクロが体現しようとしている世界観は、カタカナで表現したほうが本質的だ**、と思ったわけです。

内田　すごい。失礼な言い方ですけど、すごく考えていらっしゃるんですね。実は、もしかしたらデザインは僕でもできるかも、って思っていたんですけど、本当に申し訳ないです（笑）。

佐藤　できますよ。今田耕司さんにも言われましたね、同じこと（笑）。ユニクロの場合は、ちょうどニューヨークに旗艦店を作るタイミングで、そのグローバルブランド戦略におけるクリエイティブディレクターをやってほしい、ということだったんです。社長の柳井（正）さんと何度も何度もお話をして、「日本発」ということをブランド戦略のエッジにし「FROM TOKYO TO NEW YORK」という表現で展開しました。それでカタカナになっていったわけです。

内田　いやー、想像できない。アイデアが出てこなかったらどうするんですか？

佐藤　出ますよ（笑）。

内田　出るんだ！　それは、ふわっと浮かんでくるイメージですか？

佐藤　はい。ただ、それは考え方が大きく変わったからなんです。

内田　考え方で、アイデアが出るようになったってことですか？　それは気になる。

佐藤　若いころ、僕は博報堂という広告代理店に勤めていたんですが、当時は「アイデアが出ない」と思うことがありました。深層心理にあるのは「クライアントをアイデアで惹きつけるんだ」という考え方です。でも、5年くらい仕事をしてそうじゃない、とわかった。

内田　どういうことだろう……。

佐藤　**アイデアは、僕が出すものではなくて、相手から引き出すものだ、**ということです。答えは必ずどこかにある。だから、アイデアが出ないということはない。僕の場合、大きいプロジェクトに携わることが多いのも一因ですが、プロジェクトがスタートすると多くの時間をヒアリングにあてます。さっきの柳井さんとのやり取りもそうですが、ずっとお話を聞く。ずっと手を動かして、こうじゃない、ああじゃない、って作っている時間より話を聞いている時間のほうが圧倒的に多いんですよ。例えば、ユニクロやセブン－イレブンは自分も使っているからなんとなくはわかるけれど、そうじゃない仕事もありますよね。

内田　幼稚園などもやられているのを拝見しました。

佐藤　ふじようちえんですね。まさにそうです。当時はまだ僕にも子どもがいなくて自分が通っていた何十年も前のことしか知らないわけです。だからこのときはずっと先生から話を聞き続けました。園服やバスのデザインもやったのですが、園服って絶対汚れるそうなんですね。だったらいっそTシャツにしませんか？　と提案して採用してもらいました。

内田　確かに。そっちのほうが効率的ですもんね。なんで気づかなかったんだろう。でもそうか。**しっかりと相手の話を聞く、それがアイデアの源泉になるんですね。**

佐藤　結局、「そこに似合っている」ことが大事なんですよね。僕のクライアントでいえば、ふじようちえんと楽天とユニクロ、他にも大学や病院などの仕事もしていますけど、それぞれまったく違いますよね。ですからその対象にあったアプローチであること、似合っていること、その匙《さじ》加減が一番重要なんじゃないかなと思っています。

内田　なるほど。それは先ほどのカッコいいにも、アイデアにも全部通じている気がします。サッカーも相手がいて初めて成立するので、そのバランスはすごく重要で、自分がやりたいことを表現すればいいというものじゃない。

佐藤　そうですね。

内田　それは可士和さんご自身の感覚がすごいから、というのもありませんか。

佐藤　確かに自分の感覚ではあります。クライアントと社会から求められているもののズレをチューニングする感覚。客観的に見ると、この二つにはだいたいズレがあるんです。人間もそうですが、自分がすごくいい！　と思っているモノやコトって、他の人から見たらそうでもなかったりしますよね。Aという人には当たり前のことが、社会から見たらすごく価値の高いものだったりするとか。その**「ズレ」をチューニングすることでうまく軌道修正できれば、社会にバーッと広がっていきま**

す。

内田 なるほど、チューニングか。

佐藤 だから社会の要請とクライアントの意向がぴったり合っていたり、ズレていない場合は僕が手伝う必要なんてないんです。

内田 ということは、第二の佐藤可士和は生まれないんですかね？ チューニングや感覚は教えられるものですか？ 僕は引退してから、どこかで自分がサッカー界に存在することで教えられてきたこと、経験できたことを下の世代に伝えなきゃいけない、と思っているところがあります。でも、できるのだろうか、とも思うんです。

佐藤 うーん、やっぱり全部を教えるのは難しいですね。慶應義塾大学と多摩美術大学で実際に授業を担当し、慶應では8年くらいやりました。授業という形式だと、（教えることが）パーツになってしまいがちです。そういう意味でいうと、展覧会をやることは多少、伝えることに役立つかもしれません。佐藤可士和展（2021年2月3日から4月25日まで国立新美術館で行われた）は、僕が小学校5年生のときに描いた絵から今に至るまでを展示しているので、ものの捉え方や視点の変化は理解してもらえるかもしれないですね。日常にあるクリエイティブのパワーのようなことも感じてもらえればと思っています。

内田　展覧会か、すごいですね。同じような仕事に就きたい方が観に行かれるなら、それで学びになりますね。

カシワメンタル

内田　もうひとつお聞きしたいんですけど、可士和さんのレベルまで行くと、きついなとか、メンタル的にしんどいなって思われたりしないですか。

佐藤　もちろんありますよ。失敗できないプレッシャーを感じます。アスリートの方も同じなんじゃないですか？

内田　はい、でもそのレベルは選手によって大きく変わります。やっぱり海外でプレーしている選手たちは根性があるし、プレッシャーにも強いなと思います。

佐藤　内田さんは？

内田　僕は、人とはちょっと違うのかな、と感じています。

佐藤　そうなんだ。どんなふうに？

内田　よく「メンタルが強いですね」「どうすれば強くなれますか」って聞かれる

んですが、僕はメンタルを強弱で考えたことがないんです。イメージでいうと上下です。うまくいっても喜びすぎない、うまくいかなくても凹みすぎない。

佐藤 ゴールを決めたり、チームが優勝しても喜びすぎない?

内田 そうですね。上下動をなくそう、と決めてから勝ってもあんまりうれしくないな、って感じるようになりました。サッカー選手として生きるには悲しいなあ、と思ったこともあるくらい、その感覚は強いです。

佐藤 それはマインドをわざとそっちに持っていくのか、それとも本当にうれしくなくなったのか、でいうとどっちなんですか?

内田 持っていくほうですね。ですからうれしいことはうれしいんです。表現が難しいですけど、「スー」っていうイメージです。

佐藤 チームメイトは違うでしょう? 同じ?

内田 同じではないですね。サッカーでは、例えば大一番とかに「頑張ろうぜ!」「ワールドカップ行こうぜ!」みたいなことを言い合って鼓舞することがあるんですけど、僕は心の中で「行こうぜって言って勝てるわけじゃないでしょ」「普通に、いつも通りにやればいいじゃん」って思っちゃうんです。力みすぎているのが合わないのかもしれないです。

佐藤　確かにあまりアスリートにはいなそうなタイプですね。

内田　ただ、最初からこうだったわけではなかったんです。むしろ19、20歳くらいのときはストレスで吐きながらプレーしていましたから。

佐藤　本当に吐いてしまうわけですか。

内田　はい、ピッチで。家でもあったんですけど。鹿島アントラーズは当時、日本ではもっとも強いクラブでしたから、チームが不調とかものすごくパフォーマンスが悪いみたいな経験が多いわけではなかった。その点でいえばむしろポジティブなことが多かったはずです。それでもストレスを感じる、ということは、「いいことであっても心身にはストレスになるんだ」と思ったわけです。つまり、良くても悪くてもストレスになるんだから、試合に勝とうが負けようが、上下の振れ幅を少なくしたほうが生き残っていけるんじゃないかな、と考えるようにしました。

佐藤　僕はそこまでではないかもしれないですけど、アスリート的な感覚はあるんですよ。仕事の量も多いし、結果を出さなきゃいけないといつも思っている。でも自分一人で全部はできないし、協働していくチームを良い状態にしなきゃいけないとも思っています。メンタル、という感覚ではないけど、結果にコミットしていくという意味で、アスリートのような気持ちはあります。

内田 勝ち負けに責任を持つみたいな感覚ですね。

佐藤 昔は特に一喜一憂していましたけど、最近はだいぶ感じなくなったかもしれないです。その安定は大事だな、と常に意識してはいます。僕はプレイヤーでもありながら、今はマネージャー的でもあるので冷静な判断が求められます。安定させることができなくて判断がブレてはいけない立場なわけです。**結局、どうすれば冷静な判断ができるかにかかっています。**

内田 選択をミスしないように。

佐藤 絶対にミスできないですからね。プレッシャーを感じすぎても判断を間違えてしまいますから。

内田 そのために何か意識

していることはありますか。

佐藤　僕の場合は身体を動かすことで落ち着くんですよ。パーソナルトレーニングに通っていて、体幹を整える感覚でやっていくとスーッと心も頭もすっきりします。若いころは、それこそずいぶん徹夜をするとかコンディションがめちゃくちゃだったんですけど、今はきちんと寝る時間を確保するとか、身体の部分で安定させています。ちょっと疲れていたら、身体を動かしてから、とか、寝てから判断をする。そこにはかなり気を使っています。

内田　なるほど。可士和さんのクライアントには一流の経営者も多いですが、そういう方はどうですか。

佐藤　みんな強いですよ、経営者の方は。

内田　（ユニクロの）柳井さんとか。

佐藤　強いです。強くないとトップになれないんだろうな、と思っています。

内田　トップになる方って、どこかぶっ飛んだところが必要だっていうイメージがあるんですけど、それはどうですか。

佐藤　そうですね。経営者といってもみなさん違いますから一概にはいえないですけど、創業者の人は特にすごいですね。ちょっと語弊があるかもしれないですけどやっぱり普通じゃないですね。

内田 普通じゃないですよね。普通のことをしていたら普通の結果しか出ない。

佐藤 柳井さんもそうですし、楽天の三木谷（浩史）さん、日清食品の安藤（徳《のり》隆《たか》）さん。安藤さんは創業家の3代目になるんですけど、僕は彼らをクリエイターだと思っています。経営者は「会社を経営する」という絵具を使って、絵を描いている。表現者でもあるわけですね。

内田 形になるわけだ。

佐藤 そうですね。僕はデザインというツールでモノを作り、彼らは企業の活動でモノを作るクリエイターだろう、と思いますね。

内田 なるほど、そうですね。人とは違うかもしれないけど、それも悪いことじゃないんですね。

佐藤 そう思いますよ。最初の話にもつながりますけど、その人の姿、たたずまいが大事なんじゃないですかね。

内田 ありがとうございます。とても勉強になりました。いつか、僕も可士和さんに仕事がお願いできるように頑張ります！

佐藤 ぜひ、お待ちしています（笑）。

特別 Q&A

内田がもっとも信頼し、
もっとも甘えられる代理人・秋山祐輔に聞く。

内田篤人に関する、
５つの問いと、その答え。

秋山祐輔

YUSUKE AKIYAMA

1974 年 4 月 20 日生まれ、東京都出身。大学卒業後、広告代理店にてサッカービジネスに携わる。小野伸二のマネージメントや海外放映権の交渉、獲得業務に従事し、2006 年に FIFA 選手エージェント試験に合格。07 年に株式会社 SARCLE を設立。同社には内田篤人、大迫勇也、酒井宏樹、植田直通、南野拓実、上田綺世などが所属している。

1. なぜシャルケは内田篤人を獲得したのか?

まず、右サイドバックとして上下動ができる、その運動量。そして鹿島アントラーズというJリーグ屈指のチームにおける、球際の強さ、攻守の切り替えといった戦術に適応してきたこと。篤人は、当時のサイドバックに必要な能力を備えていた。

監督であるマガトのサッカーがそうだったか、判断はわかれるところではあるけれど、ちょうどブンデスリーガのサッカーも「ゲルマン魂」に象徴されるフィジカルの戦いから、モダンなフットボールへと移行しようとしていた時期だった。当然、シャルケもそうで、篤人はそういうトレンドのなかにおいても、ハマる存在だったといえる。

マガトの存在も大きかった。これは獲得したあと重宝された理由、ということになるけれど、マガトは根性や精神論を説くタイプの指導者だ。長谷部誠選手などを率いてヴォルフスブルクでリーグ優勝を果たしている。日本でいえば、昭和の高校サッカー的な監督だ。

わたしがよく覚えているのがシャルケと契約した日のこと。日本から飛行機で移動して、そのままメディカルチェック・サインをして、チームの練習試合を観に行く予定だったのだが、マガトが篤人に唐突に言った。

「試合に出るか？」

念を押して言うが、当日である。普通であれば、「今日はやめておく」という選択は、まったく不思議ではない。でも、篤人は「出る！」と言って本当に出た。

そういうメンタリティは、マガトの好みだった。

もうひとつ象徴的だったのが入団してすぐの9月ごろ、篤人は小指を骨折したまま試合に出続けた。マガトは「小指の骨折なんて、骨折じゃない。できるだろ」と言い、篤人も篤人で「できる」と言って疑うこともなかった。

きっと、そういう適応力、瞬発力とか、郷に入っては郷に従うことができる人間性がマガトに合う――そういう判断がシャルケにもあったのだろうと思う。

2. ケガと、どのように向き合ったのか?

わたしはずっと近い場所にいたから、篤人がいつもケガに耐えているというみなさんのイメージとは違う感覚がある。

篤人だって、痛いときは痛い、と我々に伝えてくることを知っているからだ。ただ、確かにそれを外に出さないし、加えて他の選手と比べると「痛い」のハードルが高い……というか、「痛い」と言い出すまでの許容量が深いところはあった。もちろん、そのためのケアはきちんとしていた。

こうしたケガや苦しいことに対する接し方の話題になるといつも感じるのは、選手それぞれの「生き方」が反映される、ということだ。

痛いからといって相手が手加減してくれることはない、だからやる。篤人の場合はそう考える。

では、その考え方がサッカー人生に災いしたかどうか……、これは篤人の判断、生き方だと思う。

もちろん、たらればはたくさんある。篤人についていえば、それが多いかもしれない。（2014年のタイミングで）手術をしておけば良かった、とか、ちゃんと休めばもっと長くプレーできたはずだ、という意見を耳にしたこともあった。つまりは、「かわいそうだった」と。

誤解を恐れずにいうと、わたしは「かわいそう」だとは決して思っていない。というのもそこにこそ篤人のすごさがあると思っているからだ。

2014年ワールドカップの4か月前に大ケガをし、このままじゃ間に合わないかもしれない、というタイミング。篤人には選択肢があった。ひとつは、ブラジルワールドカップを諦めて、手術をすること。もうひとつは、ブラジルワールドカップへ一縷《いちる》の望みをかけて手術をせずに「保存療法」で治すこと。

篤人は後者を選んだ。後者を自分で選んだのだ。

そして、そこからワールドカップだけを見据えて、目の前のことを黙々とやり始める。一回決めたら、別の可能性は考えない。その目の前のことに対する貪欲さ、つかみ取ろうとする力は、篤人のすごさそのものだ。


「いっしょ（う）けんめい」という言葉がある。

漢字で、「一生懸命」と「一所懸命」と書くが、篤人の場合、「一所懸命」だ。ひとつの所で、ひとつの場所でやり切る。手術をすればサッカー人生の「先」を長引かせることができたかもしれないけれど、目の前にあるワールドカップにかけた。先を見ずに。


そういう例は枚挙にいとまがない。高校時代にフォワードからサイドバックに移されたこともそう。不満を持つこともなく、与えられた所でやり切ろうとした。ドイツへの移籍にしても同じ。移籍した時点で彼は、鹿島の内田を捨てていて、切り離してシャルケのことだけを考えていた。

そもそも篤人は海外移籍をするタイプじゃないと思われていたと思う。

それは、彼のパーソナリティがそうさせるところもあったかもしれないが、わたしは篤人自身が、鹿島のときは鹿島のことしか考えていなかったからだと思っている。鹿島という「場所」にいるわけだから、そこで最善を尽くす。やり切ろうとする。

次のことを考えているように見えないのは、それだけ彼が目の前のところに全力を尽くすタイプだった、その能力に長《た》けていたということだと思うのだ。

3. 内田にとっての南アフリカワールドカップとは？

篤人が「心残り」と表現したその大会。確かに、大きな転機だっただろう。

南アフリカワールドカップで大会直前にスタメンから外された。レギュラーではないと篤人が感じたのが、コートジボワールとの練習試合だったと記憶している。

今もよく覚えているのだが、篤人から電話が来て、そのトーンは珍しくネガティブだった。「もう、日本に帰りたい」くらいのことを言っていた。話した内容までは定かではないのだが、相当落ち込んでいたことは確かだった。心の糸が切れている感じだった。


篤人の心情は理解できたし、「チャンスはある。準備はちゃんとしよう」と伝えた。いつ同じポジションの選手がケガをするかもわからない、それがサッカーだ。

しかし、結果的に篤人は心を戻すことができず、この大会を「心残り」と表現することになる。人生で初めての経験だったに違いない。心の上下をできるだけ少なくしようと努めていた男が、そう言うのだから、きっと「下のほうへ心がブレた」のだろう。

そして、学んだのだと思う。

下にブレると、何もいいことがない。強烈にそう学んだのだ。

それ以来、彼は同じ過ちを繰り返さなかった。篤人のすごさはここにもある。

どんな失敗を経験しても、繰り返してしまう。誰もが経験することだと思う。いくら強烈に学んだ、としても似たような状況に陥ってしまうと、下にブレてしまう。そんな瞬間は、篤人のなかでも何度もあったはずだ。でも、繰り返さない。下に振れないように、振れないようにする力。なるべく「下に行かないようにする」力。それが篤人にはある。リハビリのときも、代表をやめたいと思ったときも、ウニオンに行くときも……なんとか下に振れないようにしていたのだ。

わたしは、彼のことを「心の幹」が太い、と思っている。強い、というか、太い。あんなカッコいい顔をしているからわかりづらいと思うけど、ど真ん中が固くて、太い。南アフリカワールドカップは、その原点となったのではないか、と感じている。

4. トッププレイヤーのメンタルとは一体？

心の幹が太い。そういう選手は、プレイヤーとして一線で活躍し続けることができると思っている。

サッカー選手という職業は、想像以上に大変だ。

特に、海外でプレーする選手は、10代の後半または20代の前半で海を渡っている。これをわたしたちの仕事に置き換えてもらいたい。例えば、19歳でドイツに行き、右も左もわからないなかで「明日から代理人をやれ」と言われる。シェフでも会社員でもいい。できる、と言える人はほとんどいないだろう。それと同じようなことを、彼らはやっている。

加えて、日本は恵まれている。たいていのことは周囲が助けてくれるし、メディアもそれほど厳しくない。ピッチもいいし、ボールだってきれいだ。環境も人も素晴らしい。何不自由ない。

逆にいうと、海外へ行くということはそれらがなくなる、ということでもある。ボコボコのピッチが当たり前のように存在するのだ。

そういう環境ではサッカー選手としての技術だけでは生き残っていけない。プラスαとして持っていると強いもの、そのひとつがメンタルであり、篤人にとってはそれがストロングポイントだったと思っている。


篤人は18歳でプロの世界に身を置き始め、32歳で引退をした。実働14年になる。これは、プロサッカー選手としては一流の部類だ。

この世界では、10年プロでやれれば、大したものといわれるだろう。

一方で我々は、例えば大学を卒業した20代半ばから、65歳くらいまで、40年程度働いて引退、いわゆる定年を迎えるとされる。

つまり、篤人をはじめとしたプロサッカー選手は、通常の人の4倍のスピードで生きているわけだ。これはすごいことだ。オリンピックの選手で考えるともっとわかりやすい。4年に一度の大会を終えて、「もう一度チャレンジしますか?」と聞かれる。これを、さっきの計算で私たちに当てはめると、4年×4倍で「16年後、どうしますか?」と聞かれていることと等しい。答えられるわけがない。わたしはそう思う。

アスリートとは、プロサッカー選手とは、そういうところで生きているのだ。だから、多くの選手は年下ではあるけれど、実際には「年上」だとさえ、思っている。

篤人のように、目の前のことをやり切る力や、この本にあるようなメンタルの捉え方など、アスリートから学ぶことが多いというのは、いろいろな苦難や壁を乗り越えながら、我々よりも何倍も速いスピードで生きてきた「先輩」であるからだ。

5. 内田篤人監督はあり得るのか？

これから篤人がどうするのか。よく聞かれる質問のひとつだ(笑)。

最近、篤人に話しているのが、知識と話法は必要だ、ということ。

篤人は頭がいい。だから、どんなことでも最初からサラッとできてしまったりする。うらやましい能力だ。

プロサッカー選手である間は、それで十分だった。サッカー選手とは、たとえていえば、演者であって、その舞台でしっかり役割をこなせばいい。予習していようがいまいが、人の役割まで演じる必要はない。

篤人の場合は、右サイドバックというポジションで、篤人としての最高のパフォーマンスを見せれば良かったわけだ。守れ、とは言われるかもしれないけど、点を取れとは言われないだろう。

でもこれからは違う。監督やコーチをするのであれば、11人+控えの選手を含めた20人以上のメンバーのマネジメントをしなければいけない。

自分がやればいいというポジションにとどまっていてはだめで、他の人に伝え、動かす必要がある。

それだけではない。指導するためには、右サイドバック以外のことも教える必要がある。他のチームがどんなサッカーをしているのかを知り、指導者・内田はどんなサッカーをしたいのか。モデルといえるものも作っていかなきゃならない。

そしてさらに、篤人が右サイドバックを極めたように、監督やコーチ、たとえそれがコメンテーターといったサッカー界以外の仕事をするにしても、それを極めようとすれば、仕事の動かし方・伝え方をふくめてきちんと勉強しなければならない。

そうでなければ、1試合くらいは勝てるかもしれないけれど、2試合、3試合、はたまた1年、2年とチームを勝たせる指導者にはなれない。

篤人は引退後、いくつかのテレビに出させていただいている。例えば『ワイドナショー』の初回はさすがの頭の回転で、好評だったと周囲からもお褒めの言葉をいただいた。水曜日レギュラーの『報道ステーション』も毎週そつなくこなしている。

ただ、今後の篤人のことを考えれば、ちゃんと予習し、話法を身につけていかないとすぐに行き詰まってしまうだろう。

これはサッカーと同じだ。クリスティアーノ・ロナウドやネイマールといったトップ選手と対峙《たいじ》してきた。最初は止められたかもしれない。でも、次に相対するとき、ロナウドだってネイマールだって対策をしてくる。篤人を研究し、どうすれば抜けるか、突破できるかを考えてくるわけだ。

篤人が身を置いていたのは、トップレベルとそれを〝やり合う〟世界だった。それができたから生き延びてきたし、太く濃いサッカー人生を送れたのだと思う。

これから篤人が監督をするのか、それとも解説者なのかGM的な仕事をするのか、はたまたまったく違う世界で生きるのか、それはわからない。ただ、そのときも〝同じような内田篤人〟でいるためには、勉強をしないといけない。それは篤人自身もわかっていることだと思うし、僕にできることがあれば、今まで通り寄り添っていきたい。

第6章

ウチダメンタルとともに生き続ける

引退をして、サッカーをしない日々を過ごしている。

どういう道を歩いていくべきか、まだ定まっていない。

生き方、考え方、そしてメンタルも――ここまで書いておいてなんだよ、って言われるかもしれないけど、ちょっとずつ、変えなきゃいけないかもしれない、ってことも感じてきている。ただ、ベースとしてサッカー選手としての僕を支えてくれた「ウチダメンタル」はずっとあり続けるはずだ。

ということで、引退までの思いとこれからを記しながら、そこにある「ウチダメンタル」の存在について最後にまとめておきたい。

これ以上ピッチにいてはいけない

２０２０年8月12日、時間にして21時半ごろ……かな、僕は決めていた「引退」をチームに伝えた。文字通り、決めていた。

その日は、ルヴァンカップのグループステージで、清水エスパルスとの試合があった。

鹿島にとってはアウェイの（ＩＡＩスタジアム）日本平。僕にとっては地元だけど、それは引退とは関係ない。１か月ぶりの先発、シーズン２試合目の出場。腕にはキャプテンマークを巻いた。試合には３対２で勝ったけど、僕の気持ちは「やめなきゃだめだ」だった。

プレーは後半68分まで。

前半はちょっと抑え気味に、後半、勝負をわけるラスト10分でしっかり戦えるように……そうなるといいな、と思いながら、その10分を迎えることなくピッチをあとにした。交代は、当然だった。

前半、体力を抑えたにもかかわらず後半に動けない。2失点目は後半の54分、僕のサイドからのクロスが起点になっていた。エスパルスの選手がスプリントしながらゴール前へ駆け上がる。そこに、ついていくだけのパワーは僕になかった。同点となるそのゴールを決められて、思わず膝に手をついた。


その4日前のこと。

リーグ戦の第9節。サガン鳥栖戦で久しぶりにベンチ入りを果たした僕は、ピッチで戦うチームメイトを見て、「果たして今の自分は、この強度で試合ができるのか？」と、感じていた。「できないかも」という思いを心の裏側に忍ばせながら。

残り10分を切ったときに、その思いは一層強くなった。

「俺、戦えるのか？　このなかで？」

そうして迎えた清水エスパルスとの一戦で、「これ以上ピッチにいてはいけない」と悟った。

試合が終わり、シャワーを浴びてめいめいが、チームバスに移動していった。僕は一人別の方向へ歩き、スタッフの一人に伝えた。

「満さんに話がある。二人にしてくれない？」

その間に、アッキーにも電話した。これ、書いたよね？　「今から、満さんにやめるって伝えるから。後始末よろしく」って。

そして満さんと会い、「契約解除をしてください。僕は、チームの助けになっていない」と、伝えた。

満さんの反応を、ちゃんと覚えているわけじゃない。とにかく、「一日待ってそれでも考えが変わらなければ……」というようなことを言われた気がする。ただ、引退の気持ちは変わらない、と思ったことだけははっきりと覚えている。

これまでも満さんとは折を見て話をしてきた。特に、前年、ほとんど試合に出ることができず、まったくチームに貢献できていない僕は、契約交渉の席で「クビ、切ってもらって大丈夫ですから」と伝えていた。でも、鹿島は1年の契約延長をしてくれた。

自分がプレーしたいから、という理由だけでプロでいることはできない。いや、鹿島アントラーズの一員でいることはできない。

鹿島アントラーズというチームは、僕にとって特別なチームだ。

何度も書いてきたように、カッコいいし、勝利にどん欲だ。シャルケに移籍が決まったときの試合が印象的だ。

すでに移籍が発表され、最後になるかもしれないホームでの一戦。僕はベンチで試合を見守っていた。戦況は良く、試合は大勝の雰囲気があった。4対1、交代枠は残り一人。最後の試合だし、ドイツに旅立つ前に、お世話になったサポーターに雄姿を——みたいな出番があるかなーなんて、思ってチラチラ監督の方を見ていた。3連覇を果たした（オズワルド・）オリヴェイラだ。

アップをしていると交代選手が呼ばれた。僕じゃなかった。

監督が目指したのは、顔見せの交代じゃなくて、試合に勝ち切るための交代。これが強いチームなんだよなあって、さみしさじゃなくて、すごみを感じた。

この勝利への執念みたいなものは、試合以外でもチーム内に溢れている。練習ももちろんそのひとつで、ピリッとした空気が常にあった。

だからこそ、僕はここにいちゃいけない、と思った。

空気、雰囲気、そういうものを作ってきたのはいつだって先輩たちの背中だった。大岩（剛）さん、満男さん、マルキーニョス（マルコス・ゴメス・デ・アラウージョ）、柳沢（敦）さん……、勝つために必要な姿勢を試合だけじゃなく練習で示す。命を削る思いで、必死に戦う。

その先輩の立場である僕は、練習ですらセーブしなきゃいけない状態だった。ケガを言い訳にできない。できないんだから、やめなきゃいけない。

僕の引退は、そういう「鹿島アントラーズ」の哲学のなかにあった。

永木亮太

鹿島に永木亮太という選手がいる。

ひとつ年下の32歳。チームのなかではベテランの域に入る。湘南ベルマーレから2016シーズンに鹿島へ移籍してきた選手だ。めちゃくちゃ天然で、いっつも筋トレをしている。

そんな永木が、僕は大好きだ。彼が、僕が引退したあとにこんなことを言ってくれていた。

「試合以外のところでも篤人くんの存在は大きかった」「同じことはできないですけど、これからは自分にできる限りのことはやっていきたいと思うし、それは自分のスタイルで良いと思うので、篤人くんのように同じ背景はないわけですし、自分は自分のやれることをしっかりとやっていけたらと思います」

永木が僕の姿を見て、そう思ってくれていたなら本当にうれしい。

僕が引退を決めたのは、永木の存在が大きかった。練習も試合も本当に全力で、サッカーだけに集中している。きついからサボろうとか、ちょっと手を抜こうとか、そういう姿を一切見せない。

そんな選手の隣で僕は、ケガを怖がってプレーができない。全力でできない。ちょっと嫌な言い方になってしまうかもしれないけど、それでも僕のほうが注目をされるし、なんなら給料だっていいはずだ。

永木の姿を見て、これはおかしい。僕はやめなきゃだめだ、って思った。いや、思わせてくれた。この姿がプロであり、鹿島なんだよ、って。

鹿島での最後の2年半、僕はピッチに姿を見せることができなかった。
鹿島が戻ってこい、って言ってくれたのには理由があると思っている。それは、鹿島は強くなきゃいけないという「鹿島の血」「鹿島の哲学」を、下につなげてほしいという思いだったはずだ。

それができないんだからやめる。でも、何もできないままじゃいけないと思った。だから、引退セレモニーで、少しでもそれができればと思って、言葉を考えた。試合の2日前のことだったと思う。
伝えたかったのは、最後のほうの言葉だ。

「この話を聞いているプロサッカー選手を目指す子どもたち、サッカー小僧のみなさん、鹿島は少し田舎ですが、サッカーに集中できる環境、レベルの高さ、そして今、在籍している選手たちが君たちの大きな壁となり、ライバルとなり、偉大な先輩として迎え入れてくれるはずです。僕はそれを強く願います」

少しでも鹿島に興味を持ってもらいたい、そのために何ができるか考えて付け加えた言葉だった。

それと同時に、チームメイト、後輩たちへの思いも託した。

壁にならなきゃだめだよ、誇りを持ってほしいぞ、って。

リーグ優勝から遠ざかっているチームだけど、鹿島は強くなきゃいけない。もっとやれる。こんなものじゃないはずだぜ、お前らは。それに気づいてほしい。だから、俺はやめるんだよ。

鹿島はそのくらい特別なチームだ。

引退試合とザーゴ監督

引退を発表した最後の試合はホーム・鹿島スタジアムでのガンバ大阪戦だった。

なにせ突然の引退だったし、そもそもシーズン中に自分で契約解除を申し出たんだから、迷惑な話だったのかもしれない。バタバタするスタッフたちを横目に、申し訳ない思いと、この決断を受け入れてくれた感謝があった。

引退セレモニーまでしてくれる、そう聞いたときは素直にうれしかった。サポーターのみんなにも言葉を伝える機会をもらえたしね。

ガンバ戦を控えて、僕は（アントニオ・カルロス・）ザーゴ監督に呼ばれた。引退をするって発表をして以降、ずっと話しかけたかったらしいんだけど、「いつも内田のそばには誰かいるから声をかけられなかった」「お前は、一人になるタイミングがないから」って(笑)。

そして言われた。

「俺はスタメンでお前を使うぞ。そもそも引退するとか関係なく、使うつもりだったんだ」

彼の思いは本当によく伝わった。

ザーゴは、レッドブル・ブラジルというチームで監督をしていた。レッドブルグループは、僕がシャルケ時代に2人目の監督として時間をともにした、ラングニックがそのサッカー哲学の中心にいる。ザーゴが、ラングニックのサッカーについてよく話していたから、「俺、ラングニックとやっていたよ」って話をしたことを覚えている。

でも、僕は鹿島の一員だから、お願いをした。

「もう引退しますし、そういうことは考えずに、もちろん90分使うなら90分使うでもいいですけど、最後とかって考えずに起用してください。なんならメンバーに入らなくてもいいので、本当に勝てる手段を選んでください」

それがずっと見てきた鹿島だから。

ザーゴのそのあとの言葉は覚えている。

「やめさせてどうするんだって、俺は強化部に文句を言ったぞ。これからだって使うつもりだった。お前、本当にやめるのか?」

お前、本当にやめるのか?　は何度も言われたな。

「俺の仕事は、お前を復活させることだと思って鹿島に来た。それができなくなって、俺は困っているぞ」

ザーゴには申し訳なかったけど、それはうれしい言葉だった。

結局、ガンバ大阪戦のスタメンに僕の名前はなかった。それで良かったし、引退を決めてから、ちょっとすっきりとした自分もいた。

この日だっていつも通り普通に終わって、サクッと帰ればいいなって思っていた。そうでもしないときっと、周りが必要以上に気を使うだろうなって。

案の定、「今日は、篤人さんの最後の試合だ。絶対負けられないぞ」みたいなことを言ってくれるやつもいて、うれしかったけど、「普通にやってくれ」「お前らは関係ないから」って伝えさせてもらった。

ただ、試合前のウォーミングアップのときに、みんなが僕のつけてる背番号2でピッチに登場したときは、やっぱりうれしかったよね。はずかし！　とも思ったけど、ありがたかった。本当にみんな、ありがとう。


試合をちょっと振り返っておく。

試合前、右サイドバックで先発した（広瀬）陸斗に「3対0、残り15分（で交代）で頼むよ」って伝えた。もちろん冗談だけど、その陸斗がなんと前半16分でケガをしてしまう。

「え、俺かな……」

ベンチには永木もいた。永木はボランチが主戦場だけどサイドバックもできる選手だ。どうなるかな、と思って脛《すね》あてを入れていたら、ザーゴがやってきて言った。

「今日は俺が責任を持つから、思い切りプレーしてきてくれ」

陸斗のケガが心配だったけど、とにかくやるしかなかった。これで最後だ、とかそういう感傷的なことより、「残り80分弱くらいか、絶対に（膝を）持たせなきゃだめだな」って、それが一番の思いだった。

交代で入った選手がまた交代して、交代枠を使わせることなんてできない。勝つためには、最後までやらなきゃいけない。

「絶対に交代はできないな」

そう自分に言い聞かせた。

一方で、最後だからケガしてもいいよね、っていう割り切りもあった。そのおかげか、普通にプレーできた。

普通に走って、普通に蹴った。それは、ちゃんと走って、ちゃんと蹴ったってことで、ダッシュの回数を加減したり、相手とぶつかろうとしなかったりしていた、それまでのプレーとは全然違うものだった。だから、ちょっと楽しかった。普通にできたからね。

でも、前半のラスト5分くらいだったかな、肉体的に持たないな、やっぱりやめるって決断で良かったんだな、とも感じていたな。納得できた。

試合のあと、リップサービスなのかわからないけど、「まだできそうじゃん」って言ってくれる人たちもいた。でも、内田篤人の名誉のために言うけど、あれは全然、できてないからね(笑)。

だめなキャプテン

だいたいプロになる選手って、それまでに一回くらいはキャプテンを経験しているものだ。プロになるくらいうまいわけだから、小学校とか中学校では、実力も抜けていて、指名されやすいんだろうと思う。

実は、サッカーを始めて2019年までの約30年間、一回もキャプテンをしたことがなかった。それが31歳を迎えて、初めて任されることになる。それも常勝・鹿島アントラーズのキャプテンだ。

僕がやる前は11年もの間、満男さんが重責を担ってきた。その満男さんが引退し、日本に帰ってきて間もない僕へ、人生初のキャプテンが回ってきた。

昔の僕だったら、嫌だなあ、なんて思ったかもしれない。でも、このときは「ドイツで経験したものを伝えなきゃ」「自分がやっていかなきゃだめなんだろうな」って、前向きに捉えていた。

そしていざやってみて本当に難しいポジションなんだ、と痛感した。

これまでの鹿島のキャプテンは、背中で鹿島の哲学を伝えてきた。何度も書くように（これは本当に繰り返し書くよ！）、試合でのプレーと結果、そして練習での姿勢で、尊敬を集めた満男さんのように。キャプテンじゃなくても、みんながそうしてきた。

でも僕にはそれができない。体力的に常に100パーセントを出すことができない。リハビリやケガの状態で練習を一緒にできないこともあった。

その葛藤を抱えながらやろう。だからこそ、内田ってうるせえな、って言われようとも、言葉で自分が見てきたこと、感じてきたことを伝えよう。

キャプテンに指名してくれた大岩さんが、「練習にいる・いない、ベンチにいる・いないで影響のある選手」って言ってくれたことで、その覚悟はより増した。

ただ、やっぱり姿って大事だよね。それを見せられないことは、ちょっとつらかった。

1シーズンをとおしてキャプテンを経験して、三笠健斗にそのバトンを渡した。
彼には、全部の責任を押しつけちゃったみたいで本当に申し訳ないけど、これから
「姿」と「言葉」で見せてくれたらと思う。

進路希望は「早稲田大学」

内田篤人、第二の人生は大学生。

という話じゃない。

清水東高校に入学してすぐのことだ。最初の授業で「進路希望」を書くように言われた。

だいたいどこにでもあるよね。

前にも書いたけど、清水東は実家から1時間半以上かけて通学した。朝練は4時起きじゃなきゃ間に合わない。駅まで母親に送ってもらう日々。そこまでして清水東に行きたかったのは、サッカーがしたかったからだ。

清水東は勉強もできなきゃいけない高校で、だから中学3年生のときは勉強も必死にした。評定もひとつが4で、それ以外は全部5だったんじゃないかな。内申が良くないと受験できないからって、頑張って全校でもテストは30位以内をキープしていたはずだ（結局、その年だけ体力測定の入試で、勉強は関係なかったんだけど）。

そこまでしてサッカーにこだわって入ったのに、僕はその進路希望に、「早稲田大学」って書いた。早稲田でサッカーをやりたいという意味ですらなかった。

幼稚園のころ、キングカズ（三浦知良《みうらかずよし》）に憧れて、キングカズになる！　って言っていた男が、その思いをどんどん忘れていき、ついには進路希望にすらそれを書かない。しかも、早稲田大学って書いた理由が、隣の席の子がそう書いていたからっていうお粗末なものだった。正直いって、大学の名前とか、全然知らなかったし。

それを提出したとき、「ああ、俺はプロサッカー選手を諦めているんだな」って思った。ここで、「プロサッカー選手」って書かなかったという事実は、その程度の夢だったんだ、俺にとってサッカー選手は。男じゃねえなー……。

古い考えかもしれないけど、本当にプロサッカー選手になろうと思っている人なら、躊躇《ちゅうちょ》なく「プロサッカー選手」と書いて提出するはずだ。それが男ってものだ。

そうやって諦めたはずの男が、再び「プロ」を意識したのはスカウトが来ているって知ってからだった。最初はアルビレックス新潟のスカウトだった。

「スカウトが来てるから、話してこいよ」

監督にそう言われて、最初はユースの誘いかと思っていたから、「プロだ」って聞いたときは青天の霹靂《へきれき》だった。でも、その事実は、再び僕に「プロサッカー選手」という夢を持たせてくれた。俺、レールに乗れてるのかって。そんなことで、「男じゃなかった男」は、再び夢を持つようになった。

そう考えると何歳からでも遅くはない。夢は、探さなきゃいけないものだ。

「夢中」を見つけよう

夢があること。夢の中にいること。それを夢中という。

サッカー選手をやめたくてやめたわけじゃない。

どちらかといえば、やめなきゃいけない、と思ってやめた。

挙句に今は、ふらふらしている。これから何をしよう、そんなことを考える時間だ。だからこそ「夢」って大事だと思っている。


縁があって、U－19のJFA ロールモデルコーチに任命してもらった。日本サッカー界の将来を担う選手たちを指導する役割になる。

彼らが目指す、ひとつの大きな目標がU－19ワールドカップだった。年代別のワールドカップみたいなもので、アジア予選を勝ち抜いて、本大会に出れば世界中の国の選手たちと戦える。その出場権を得ていたんだけど、新型コロナウイルスの影響で中止になってしまった。

気の毒だな、って思う。

やっぱり、目指すもの、夢中になるものがあると行動そのものが変わる。

ちょっと前に書いた永嗣さんの例でもわかるように、夢中になれることがあると、周りには理解できないくらいまっすぐで、力強い行動ができるようになる。

だからワールドカップがあると思って生活するのと、そうじゃないのとではまったく違う感覚があるわけだ。

自分の高校生活を振り返っても、本当にまじめで、サッカーに打ち込むいい子だった。親や指導者に反抗することも、悪さをしようとすることもなかった。

それって、僕が自分を律することができる人間だった、とかいう立派な理由ではない。単純にサッカーに夢中になって、夢があったからだ。サッカーに打ち込めていたから、余計なことに気がいかなかった。次の代表にも選ばれるぞ、とか、スカウトがくるようになってからは、プロになるぞって夢を持てた。

悪いことをする人は暇なんだと思う。やることがないからやっちゃう。

プロに入ってから「夢はなんですか？」って聞かれるのが一番、やっかいだった。

プロになるって夢をかなえてしまったあと、夢がなかったから。
そして今もまだ、夢中になれるものが見つかっていない。ふらふらして、暇だ。
それはそれで悪くないなーなんて思っちゃうけど、やっぱり夢があるほうがいい。
それは痛感している。

価値を失くした内田篤人

ここまで書いてきたことは、「サッカー選手・内田篤人」か「人間・内田篤人」がやってきたこと・大事にしてきたことになる。

前者の「サッカー選手・内田篤人」がなくなった今、ちょっと考え方を変えなきゃやっていけないぞ、と思うこともある。

そのひとつが、人間関係だ。

僕はもともと、心を許せる人を中心に、極力、少ない人数に依存して生きてきた。合わない人とは、無理やり付き合う必要はない。仕事上のやり取り、ピッチでプレーをするときは協力をするけど、だからといってわざわざプライベートでも同じように接する、みたいなことがなかった。その分、気を許せる人にはとことん頼った。そのほうがストレスを感じないし、面倒なことを考えなくても済む。心の振れ幅を保つひとつの方法でもあったわけだ。

一方で、僕がサッカー選手であるからこそ、手を貸してくれた人たちもいたはずだ。やっぱり現役でプレーすることには、それだけの価値があるんだよな、って思う。実際、ピッチを離れてみて、現役の選手たちには一目置くところがある。痛いところも、疲れも批判もあるだろうけど、プレーし続けるのはすごいことだ。

そういう「価値」が今の僕にはない。

僕のことを助けてくれる人は減るだろうな、って想像している。それは当たり前のことで、でも、だからこそ、変わらず付き合ってくれる人たちっていうのは、本当に気を許せる人なんだろうな、とも思っている。

そういう人たちこそ、大事にしなきゃいけない。

大事なものは、そぎ落とされてシンプルになっていく。人間関係も同じだな、って思っている。これがひとつ目の変化だ。

人間関係には、もうひとつ大きな変化が必要だと思っている。

サッカー選手じゃなくなる。それは次にサッカーに関わるときは、違う「肩書き」を持つことになるということだ。

まだ、自分がこれから何をしたいのか、何になりたいのか、「サッカー選手」を夢見て生きてきた僕には、そのはっきりとした形は見えてこない。

ただ、何らかの形でサッカーに携わるんだろうなと思っている。

もちろんそれには、ハードルがある。まずオファーがなきゃ成り立たないし、そもそもプロの監督をするのであれば、ライセンスを取らなきゃいけない。

どんな肩書きを得るにしても、相当な覚悟を決めなきゃいけない。

それが今の僕の課題なんだけど、そのなかで、変わらなきゃいけない人間関係というのは、書いてきたような「心を許せる相手」とだけ付き合っていけばいい、という考えを捨てなきゃいけないということ。

現役のときのように、ピッチで結果を出せば、無理に付き合わなくてもいい、みたいなスタンスは通用しない。例えば、監督が心を許せる相手とだけ話す、なんてだめでしょ。

むしろその気が合わない選手、自分の価値観とは違う選手、そういうメンバーをどう束ねて、どう勝たせていくのかを考えなきゃいけないわけだ。

選手のときは、ある意味、自分だけのことを考えていれば解決できることが多かった。でも、これからは違う。多様な性格・考え・出自を受け入れ、そして大きくいえば、彼・彼女たちの人生をも背負う必要がある。

その覚悟はあるか。

これからの僕の課題だ。

なぜ、僕はワールドカップに熱狂したのだろう？

自分の感情、心の中のことでもわからないことってない？

僕にはある。それがワールドカップだ。なぜ、あんなに「出たい」って思ったんだろう。ここまで読んでもらったらわかると思うけど、シャルケのほうがすごいぜ、って正直、思っているところがあった。

日本代表に対して、その待遇とか雰囲気とか、レベルを含めてモチベーションが保ちづらいことも何回も経験した。

でもね、行きたかったんだよ、ワールドカップ。出たかったの。なんでだろう。

日本を代表するってことの重み。それはすごかった。でも、わざわざ重圧を求めに行くようなタイプじゃない。注目度が高いから？　いや、それでいえばシャルケと（ボルシア・）ドルトムントのダービーとか、チャンピオンズリーグのほうが圧倒的だった。

自分でも、ワールドカップにこだわった理由がいまだに解明できていない。

ただ、現実として、僕はワールドカップへ執念ともいえるくらいこだわり続けた。ブラジルワールドカップについてはすでに書いた。そのあとのロシアワールドカップも、最後まで出たいと思い続けていた。

今は正しいと思っていることが、あとあとやっぱり違うかも？　って思うことだってある。それは、子どもができてから、今までとは違った感情が芽生えてきたことが証明している。

これから僕はどうしたいんだろう。

今、一番わからないことだ。

監督になる？　確かに興味はある。やってみたい。やるってなったら、トップまで行きたい。それこそ、日本代表の監督とかね。

でもそのためには、覚悟が必要だ。今、得ている幸せを手放す覚悟。子どもともなかなか会えなくなるだろうし、もっともっと勉強もしなきゃいけない。練習メニューなんて作れる気がしないし、そもそもまだライセンスも、ない。これは複雑だから、説明は割愛するけど(笑)、Jリーグや日本代表の監督をしようと思ったら、日本では資格試験に合格しなきゃいけない、と理解してくれればいい。

もし監督するクラブが鹿島だったりすれば、鹿島と別れる覚悟もしなきゃいけない。監督として呼ばれるってことは、いつかはその首を切られることと同義だ。つまり鹿島の監督になった瞬間に、鹿島と別れるカウントダウンが始まる。その覚悟は結構勇気がいる。


満さんのようなＧＭ職はどうだろう？

これもやってみたいなーとは思う。むしろ、性格的には合ってるだろうな、って。今、うちの予算がこれくらいしかないんだ、でもな、絶対お前がほしいんだよ……そうやって交渉してまわって、強いチームを作る。なんだかいいじゃない。

ただ、やっぱりここでも今のままの自分じゃだめだな、って思う。もっとサッカーを勉強して、これまで人に助けてもらってきたことを、ある程度自分でもできるようにならなきゃいけない。


ほんとに将来どうするんだろう、僕（笑）。

引退して時間が経って、「ああ、いい終わり方だったな」って思いがある。だいたい8割くらいがそう。

1割はちょっと今の生活に飽きてきた(笑)。

残りの1割が「もうちょっと、やれたかな」だ。

不安なのは、最後の1割「もうちょっと、やれたかな」の割合が増えていくことだ。画期的な治療法ができたりして、やりちょっと、やりたくなったら……、怖いなあ。きちんと、やるだけのことはやった。やれたかも？　って思わないように、全部やった。そう言い切れる。だから、大丈夫だと思う。

ただ、鹿島から「もう一回プレーしてほしい」って言われたら、考えちゃいそうだ。それ以外のクラブであれば、絶対にない。


未来のことはわからないことだらけ。

ただ心の振れ幅を保つこと、これだけは将来も役立ってくれそうだな、って思っている。それは、この方法、現役をやめたら全然役に立たないじゃん！　ってことも含めてね。


読んでくれた方は気づいていると思うけど、結局、僕がこうしてるから、同じようにすればいい、って思うようではだめだ。

あなたはどうしたいの？

自分はどうありたいの？

それをしっかりと見つけて、そのためにどういう方法があるのか、どんな考えも、方法論もそのひとつのきっかけでしかない。このウチダメンタルも同じだ。

元も子もないけど、結局やるのは自分。見つけるのも自分。

僕はいつだってそう思ってきた。

並みいる先輩、良い人も、悪い人もいた。どんな方法も、それを真似しようとは思わなかった。あの人はそうなんだ、じゃあ自分は？

その問いかけこそが、重要だ。

ウチダメンタルは、メンタルを上下で考えて、一定に保つこと、心の振れ幅をなくすことを肝にしてきた。

だけど、内田篤人は、それすらもひとつの手段として捉えている。

みんなはどうなりたい？

せっかく読んでくれたんだから、良い未来を切り開いてほしい。そのためには、自分はどうありたい、どうしたい？　を探すことが一番だ。

あとがき

湯を沸かすほどの熱い愛を

今のところ、暇も悪くないって思っている。

これまでが忙しすぎたからか、このままでいいやーとさえ感じる。

毎朝、子どもを幼稚園に送る。寝間着の上に服を着て外出していた男が、さすがに幼稚園に変な恰好《かっこう》で行けないから、ちゃんとした服に着替えて、子どもと手をつないで登園をしている。幼稚園が終わるころにはお迎えに行って、自転車に子どもを乗せて走る。時間があれば、公園だ。

引退したとき、娘は「とと（父親である僕を、娘は〝とと〟と呼ぶ）、ずっといえにいるから、さっかーやめて、うれしい」と言った。最近は、「とと、さっかー、しないの？」って言う。なんだよ、やめてうれしいんじゃなかったのかよ。……かわいいな。

家族で公園に行っていると、ふいに「幸せだなー」って、それまで感じたことがない思いを抱くこともある。

少し前、公園に家族でいるとき、それを妻に伝えてみた。

「今、めちゃめちゃ幸せじゃない、俺ら？　子どもが二人いて、俺はほとんど仕事しないで家にいて、それってめっちゃ幸せじゃん」

そしたら妻も、「うん」って。

子どもができてから特にだけど、そういう新しい感情に出会うことが増えた。一番の驚きは涙もろくなったこと。

テレビ番組の『はじめてのおつかい』なんてしょっぱなから泣いちゃう。なかでも泣けたのが『湯を沸かすほどの熱い愛』っていう映画。宮沢りえさんが主演で、たくましく子どもを育てる日々を描いている。父親であるオダギリジョーさんが、ふらっといなくなって、娘は学校でいじめを受ける。それでも「逃げるな！」って言いながら日々と戦っているなか、母親自身が、がんにかかって余命わずかという宣告を受ける……。

やめてからまだ1年しか経っていないから、この先どんな思いになるのかわからないけど、こういう新しい発見は、うれしいものだ。

ちなみに、妻との公園での会話にはオチがある。

「いいね」と答えた妻は、そのあと「これが続けばね」ってくさびを入れると、「内田篤人次第だな」ってすごいキラーパスを出してきた。

これを決められるかどうかは、……結局、僕次第のようです。


今回は、メンタルについて考えてきた。

改めて、心の振れ幅をしっかりと保つことでもたらされるものの大きさを感じている。心の幹が太くなって、ドンと構えられれば、テンションが高かろうが低かろうが、ちゃんと、まっとうにやっていけるだろうって思う。

最後に、ちょっと家族って幸せだよね、みたいな書き方をしてしまったけど、こうやって「日常」を心地よく、ありがたいものとして感じられるのは、心の幹が太くなったからかもしれない。

内田、お金を持ってるから言えるんだよ、なんて言われそうだけど、実はそうじゃなかったりすると思う。やっぱり、頭の感覚、メンタルがその人の日々の色を、どういうふうに見えるか・見せるか、決めていくと思うから。

いずれにせよ、ウチダメンタルを携えながら仕事に励み、湯を沸かすほどの熱い愛を、家族と、僕を支えてくれるみなさまに注ぎたいと思っていますので、引き続きよろしくお願いいたします。

内田篤人

©aflo

証言集

総括
内田篤人とは
どんな選手
だったのか?

内田篤人とメンタリティ
長谷部誠
鈴木満
アルベルト・ザッケローニ
大迫勇也
川島永嗣

長谷部誠

FROM MAKOTO HASEBE

踏ん張れる男

プロフィール
1984年1月18日生まれ、静岡県藤枝市出身。2002年浦和レッズ（浦和レッドダイヤモンズ）加入。08年ドイツのヴォルフスブルクに移籍。FCニュルンベルクを経て、14年アイントラハト・フランクフルトへ移籍。06年から18年まで日本代表に選ばれ、主将として3度ワールドカップに出場。ブンデスリーガにおけるアジア人最多出場記録を更新し続けている。著書に『心を整える。』がある。

内田は日本代表戦で先発に名を連ねると、必ず長谷部誠の後ろに並んだ。「キャプテンはできないけど、長谷部さんのことは支えたい」、そう話す。そんな静岡の後輩を長谷部はどう見ていたのか?

番犬。

もし家族にウッチーがいたとしたらどんな存在か、って考えたときぱっと浮かんだのが、番犬でした。父親じゃないし、母親でもない。弟……でも違和感があるから番犬。かわいいときはかわいい。だけど、いざとなったら助けてくれる。一家に一人――この場合は一匹か――はほしいタイプ。そんなイメージがあります。

彼は、人気もあって、誰からも愛される。でも自分からはそれを求めたりしませんでした。好き嫌いもはっきりしているし、言いづらいこともはっきり言う。特に後輩にね。麻也になんて、「お前のうらやましいところは英語力だけだ、あとはいらない!」とか平気で言っていましたから(笑)。

もちろんそれだけじゃないですよ。代表で一緒にプレーしていても、例えばブラジルワールドカップのときのように、みんなが「優勝だ」「ベスト4だ」って言っていても、そういうチームの雰囲気に流されることなく、距離をとって現実を見ようとしていたのがよくわかりました。決して、やる気がないとかそういう意味じゃなくてね。
実際、ウッチーのブラジルワールドカップでのプレーは、本当に素晴らしかったし、心を打つものがあったと思います。

ただ、最初にひとつ、はっきりとウッチーに伝えたいのは、ご両親に感謝しなさい、ということ。あれだけいいルックスに産んでもらったことは、得しかない。寝ぐせでフラッと現れても、なんかカッコいいなんてちょっとずるいですよね(笑)。それはまあ、半分冗談ですが、実際の彼のメンタリティはやっぱり人とは違って、僕もまだ全然わかっていないんじゃないか、という気がします。だからこそ、魅力的なのかな、とも。

今回、ウッチーがメンタルを上下で捉えていて、それを保とうとしていた、と聞いたときは「へぇ」「やっぱりよくわからんなあ、あいつ」と思うと同時に、確かにバランスをとるのはうまいよな、と思い出しました。
あれはシャルケ時代、スティーヴン(ステファン)が監督のときだったと思いますけど、試合に出られない、メンバーにも入れない日が続いていたウッチーが、「俺、もうだめだ」って言ってきたことがあります。僕自身はそういうことを人前で絶対に言わないタイプなので、びっくりしたことを覚えています。ただ、その**「だめだ」には、諦めたとかそういうニュアンスはなくて、言葉にすることで、むしろバランスをとっているような雰囲気**がありました。

おそらくですけど、彼の本当の思いはその言葉とは裏腹で、「もう一回スタメンの座を取り戻してやる」だったはずですし、僕はそう受け取りました。そして、きっとこれはチームメイトとか、一緒に戦う仲間には言っていないからこそ、僕に言ったんだろうなとも。

彼の言葉は、時々そのものだけを読むと、ものすごくネガティブだったり、ストレートすぎるように聞こえることがあるんですが、それを発するタイミング・相手・トーンみたいなものまで、計算して、選んでいる気がします。一定のラインを超えないところもそう。ウッチーってそういう選手なんですよね。うまい、というか、バランス感覚がある、というか。それが「保つ」ということなんでしょう。

ちなみに「ウチダメンタル」でいうと、僕は「真ん中で保っている人」らしいですが、それは違うぞ、ウッチー（笑）。

僕は結構、（メンタルが）波打っているほうだと思います。ただ、それを人に悟られないようには意識していますけどね。圭佑にしたってそうで、ただそれをオープンにしないだけだろう、と理解しています。

© ロイター / アフロ

ただ、そういう自分なりの考えを持つという点で、ウッチーはすごかったな、と思います。僕が知っているウッチー、パブリックなウッチー、プライベートなウッチー、どれもあまり変わらないようで、実は内に秘めたものはあったと思っています。それは自分としっかり向き合うことで作られるもので、彼ならではのものだった。

これは長い間、海外でプレーしている選手に共通することだと思いますけど、**大変なときに踏ん張れるかどうかってすごく大事**です。海外でプレーするというのは、ピッチだけにとどまらない大変さがあるんですよね。経験してみないとわからないものです。

そこで踏ん張れるか、踏ん張れないか。壁にぶつかったときに忍耐力、歯を食いしばって耐える力があるか。一方で、耐え続けているだけじゃだめなので、その状況を抜け出す力を持てるか。

ウッチーはそれを兼ね備えていた。**自分を客観視するところ、ガーッと入り込みすぎないで、うまく力を抜くところ**、とでもいえばいいでしょうか。そういうバランス感覚を持っているのがウッチーだったと思います。

彼がドイツにいるころ、シーズンに何回かヨーロッパでプレーする日本人選手で集まって食事をしていました。デュッセルドルフという、日本料理屋が多くある場所が定番で、彼の家からだと車で1時間くらいだと思います。いろんな話をして、たまにカラオケ。

あとすごく覚えているのが、僕がヴォルフスブルクにいたとき、我が家に来たんです。あいつの家からは車で3時間半くらいあります。ご飯を食べて、そのあとずっと寝てた。12時間くらい寝ていたんじゃないかな。それで起きて、そのまま帰っていきました。

あれはなんだったんだろう（笑）。ドライブ（笑）？

旅行の計画を立てても、いつも麻也にすべてをやらせているような「ずぼら」な一面がある一方で、僕が出向くと、ちゃんとレストランを予約しておいてくれるんですね。ドイツ語も話せないらしいのに。

そういうところは気が回る。

帰国したとき、ウッチーの車に乗って埼玉スタジアムに行ったことがあるんですね。日本代表戦があって、それを観に行ったんだと思います。僕は知らなかったんですけど、彼はなんと前夜にミスターチルドレンの曲を集めていたらしい。「長谷部さんを（車に）乗せるんだから、好きな歌をいれとかないと」って、ダウンロードをしていたって。

実は、ミスチルの音楽が流れていたかどうかも覚えていないんですけど(笑)、なんだかんだいって先輩を立てる、とか、上下関係を気にするところがウッチーらしいな、と思います。

ブラジルワールドカップがグループリーグ敗退に終わって、日本代表チームが解散したときもそうですね。ザッケローニがイタリアに戻る日、僕とウッチーで空港まで見送りに行った。Ｊリーグはもう再開していましたから、Ｊクラブに所属する選手は行けない。それ以外の選手に声をかけると、みんな旅行に行ってしまったり、予定があったりで来られなかったんですけど、ウッチーだけ「行きます！」って。先輩の誘いは基本的に断らない、それがウッチーです(笑)。

静岡県出身で、部活上がり。

僕と同じです。高校時代に、心身ともに鍛え上げられた部分は共通していて、**ずいぶん理**

不尽なところもあったけど、そこから学ぶことも多かった。お互い、そういうとこでメンタルの基礎を養えたんじゃないかなと思っています。

引退してからちょっと気になることは、「恐妻家」ぶってるところ。自転車を買いに行かされた、とかバラエティ番組で見たんですけど、そんなキャラじゃないだろ、お前(笑)。

FROM MITSURU SUZUKI

鈴木満

試合巧者な選手だった

プロフィール
宮城県仙台市出身。鹿島アントラーズFCフットボールダイレクター。中央大学から住友金属工業に入社。蹴球団に入団し、1989年に現役を引退。JSL2部（当時）にいた鹿島アントラーズのJリーグ参入に尽力し、96年より鹿島アントラーズの強化責任者を務める。数多くのタイトル獲得に貢献し、日本を代表するサッカークラブを作り上げた。著書に『血を繋げる。』がある。

アントラーズの強化部長として多くのスター選手と接してきた鈴木満は内田篤人をどう見ていたのか。例えばシャルケ時代、長期間アントラーズでリハビリをしたこともあった。元所属チームだからといって、普通はそんなことはできない。「鹿島のお父さん」だからこそ知る内田篤人の知られざる一面。

珍しいメンタリティをしているよね、篤人は。

基本的には社交的ではなくて、一人でいるのが好きなんだろうな、と思っていた。でも、彼の周りには勝手に人が寄ってくる。そういう人間性があるわけだけど、そういう人たちとも上手に付き合えるんだよね。いなす、っていう言い方がいいかわからないけど、うまく「抜く」ことができるんだろうと思う。

優しい、ともいわれるけど、ただ優しいだけじゃない。付き合う相手が、どういう性格で、どういうタイプかをしっかり判断したうえで、その相手に応じた対処ができる。理解している。そして行動に移せる。

意外とシビアな面もあるんだよ。ただ優しいだけじゃなくてね、シビアに冷静に見ている。こういうタイプは珍しいなあ、と思ったよね。

選手としてのメンタリティもそう。安定している、上下しない。そんなイメージがいつもあった。かといって、パッションがないわけじゃないんだ。**熱い部分も、冷淡になれる部分もあって、それは厳しさと置き換えていいと思うんだけど、ちゃんとある。**きっと、「自分の範囲」のなかでうまくコントロールができるんだろうね。

「契約を解除してくれ」って言いに来たとき、清水エスパルス戦の日ですよね、僕はね、止めなかった。

そもそも、鹿島に戻した時点で、膝が相当悪い、というのは知っていた。事実としてドイツで2年以上プレーできていないわけですから。

正直なところ篤人をピッチ上の戦力として計算できるのか、という不安はあった。でも、それを横においておいても、それ以外のプラスαの要素があることも確信していた。具体的には、さっきの彼のメンタリティがもたらすものとか、鹿島のアイデンティティを継承する存在であることだよね。

だからどんな状態であろうと、いつか篤人を戻そうと思っていた。

実際に再び鹿島の一員になったわけですが、「僕はこのまま（鹿島に）いていいんでしょうか？」と、何度か言われているんだよね。思うようなプレーができていなかったのは確かですから本人なりの葛藤があったのかもしれない。「戦力になっていなかったり、役に立っていないと思ったら満さん、いつでもクビにしてもらっていいですからね」って。

でも、僕は「ピッチでプレーするだけじゃなくて、経験を話してあげたり、試合に出られないときの言動を他の選手たちが見て勉強になる部分がいっぱいある。いいんだよ」と言い続けました。本当にそう思っているから。

だけど、あの清水戦後は僕にも違う感情が生まれた。

内田が話したいそうです、と言われたとき、二人になれる部屋を探して――アウェイでしたから――、そこで待つ間、ちょっと予感みたいなものはありました。責任感の強い男だから、求められていることができていない、と感じてしまっているんじゃないかな、と。ただ、引退すると言われて、さすがにそれは驚いた。そのときは、試合後で感情的になっている部分もあるだろうと思って、わかった、と。とりあえず一晩、寝て考えてみろって帰して。

その夜、僕も考えたんです。「責任」を感じるより、「耐えられなくなっている」のかもしれない。ここでやめるのがベストかもしれない。そう思いました。

「試合巧者」って言葉があるでしょう。

あれは篤人に一番合っている言葉だな、って思っています。

点を取るとか、アシストをするとか目立った活躍をするわけじゃないけど、試合に勝つために必要なプレーができる。周りの使い方、そして使われ方をとてもよく理解していて、利用して、利用されることができる頭のいい選手だよね。

チームには当然ながら「こういうサッカーをしたい」「こういう戦術で勝つ」というものがあります。

ただし、だからといってそればかりを目指していてはだめなんだよね。バイオリズムがあるから。いいとき、悪いときが繰り返し来る。その波をどうコントロールするかがサッカーという競技になるわけです。

篤人は、そのコントロール方法を一番よく知っている。**いい波が来ているときはぐっと前**

に行こう、波が低いなと思えば我慢しよう。だから試合巧者。彼のためにある言葉だよね。

職業柄、これまでたくさんの選手の引退を見てきたけど、自分から「やめる」と言ってきたのは、満男と篤人しかいない。

二人は似ているんですよ。自分を客観視できるところはまさにそう。そのなかでも篤人は特に、そこが優れていたと思う。**自分の立場や状況を理解して、どういう行動をするべきか、決断・判断をするかが、的確。**

これはとても重要なことでね、卑屈になったり、卑下したり、威張ったり、虚勢を張ったりしなくなる。常に謙虚で、すると、自然体に見えてくる。これが難しいわけだ。

ああいう人との距離感とか、付き合い方、姿勢というのは僕も教えてほしいくらいなんだよね。うらやましいと思っています、篤人を。

そう考えていくと、篤人はジーコに似ているかもしれないね。

最後の試合も、個人的にはできるだけ長く篤人を試合に使ってほしいと思っていたんだけど、やっぱり勝負事で監督が勝つためにどう考えるかが一番だから、口に出せなかった。そうしたら、ああいう展開になる（選手のケガで前半16分から出場）。そういう星のもとに生まれているんだなあって思ったんだけど、そういうところもジーコと同じ。

人を惹きつける、みんなに好かれる。厳しさもあって、「持っている」。うん、間違いないね。ジーコと共通するところがあるな。

篤人には未来がある。監督をやってみるのもいいし、個人的には僕みたいなGMのような職業もすごく合っていると思っている。

彼がシャルケに移籍するときにね、「虚心坦懐」って書いた紙を持っていた。篤人は常にそういう気持ちでいようと努力していたんだろうな。篤人らしい言葉で、忘れられないよね。

FROM ALBERTO ZACCHERONI

アルベルト・ザッケローニ

メンタルの強さ＝パーソナリティの強さ

プロフィール
イタリア出身の元サッカー選手で、ウディネーゼ・カルチョ、ACミラン、ユヴェントスFCなど、イタリアの名門クラブの監督を歴任。2010年から14年までサッカー日本代表の監督を務め、ブラジルワールドカップを指揮した。

取材協力＝矢野大輔

内田が唯一試合に出場したワールドカップで、指揮をとったのがザッケローニ氏だ。内田に全幅の信頼を置いていた元指揮官に、内田について話を聞いた。

内田と聞いてすぐに浮かぶのは、彼が常にポジティブな存在であったこと。いつも笑顔を絶やさずに、嫌な顔ひとつ見せずチームのために献身性があった。

私のチームがスタートした当時、まだ彼は（年齢的に）若手選手の一人だったが、年上の選手からも一目置かれる存在であり、代表の核を担うメンバーとしてグループ内でその存在感を発揮していたように感じた。

ピッチ内では、際立って安定感に長けていた。

試合の重要性、対戦相手のレベルにかかわらず、好不調の波がなく安定したパフォーマンスを90分間継続して出せる選手だった。フィジカル面で、他の選手よりも少し劣っているように見えたが、それを持ち前の〝注意力〟でカバーしていた。実際、当時を思い出しながら話しているが、内田のいる右サイドから失点をした記憶はほとんどない。私が指揮をした代表において、左サイド（主に遠藤、長友、香川）がより攻撃的で、右サイドでバランスをとっていたというのはあるが、**私にとって非常に信頼の置ける選手だった。**

ロッカールームでも多くは語らないが、チームメイトは内田の意見を聞き入れていたし、何よりも本人が周囲への深い思いやりを持っていたと思う。

その姿は時に、パオロ・マルディーニ（イタリア代表のレジェンド的なサイドバック）と被るときがあった。

ある試合後、自身のプレーに納得がいかず悔しがる同僚を見て、「一言監督から声をかけていただけませんか？」とそっと話しかけてきたのが内田だった。ベテランのような振る舞いだし、**何よりも自然にチームを結束させることができる存在**だった。

4年間でたった一度だけ内田に怒ったことがある。2013年に神戸で行われた試合だった。

事前に違和感を抱えながらも「問題ない」と言い張り、そのままプレーした結果、ケガをしてしまった。チームにとってもそうだが、何よりも本人のことを思って怒った。そのケガは再発によるものであったし、その後のキャリアでずっと傷を抱えながらプレーしていかなければいけないからだった。「なぜ痛みを隠すんだ?」と問いかけた記憶がある。

彼は必要以上に多くのことを語らない選手だった。

メンタルは非常に強い選手だと思う。

錚々《そうそう》たるキャリアを持つ年上の選手たちが彼のことを認めていたし、中心メンバーのグループに臆せず参加してチームの団結力を高めていた。当然、監督である私も注意深く彼らの動向を見守っていたよ。私は**メンタルの強さをパーソナリティの強さと同義語**で表現するが、内田もパーソナリティの強い選手だった。長谷部、本田、遠藤と、当時の代表チームにはパーソナリティの強い選手が多く揃っていた。**パーソナリティの強さの根底では自信を持っているこ**とが大切だと思う。その自信を根づかせていくために、日常的に欧州の舞台でレベルの高い相手と対峙して自身の現在地を確認して成長する必要がある。

現在では、(UC)サンプドリアの吉田麻也がセリエAにあっさりと順応しているが、世界最高峰リーグであるプレミアリーグで何年も切磋琢磨してきた自信が根底にあるからだ。私の監督時代にも望んで世界の強豪とアウェイの地で戦っていた理由はそこにあった。

強いメンタル（パーソナリティ）を発揮するには、**頭（メンタル）と体（フィジカル）の調和が高いレベルで整っていることが必要不可欠**であり、何よりも自身に対する確固たる信頼を内に持っていなければいけない。外からは見えないものなので、そうは見えない選手でも備えている場合もある。これは持って生まれた才能のひとつで、構築するのは非常に難しい。経験によって高めていけるのだが、最大値には限界があるものだと認識している。

メンタルという観点から、私が指揮したなかではパオロ・マルディーニが素晴らしかった。過去にミラン、ユヴェントス、インテル、（SS）ラツィオとイタリアのトップクラブを長年指揮して多くの才能ある選手を指導してきた。なかにはマルディーニと同様の資質（クオリティ）を持っていた選手はいたが、マルディーニほどのキャリアを築けた人間は他にいない。

平日に行われるアマチュアクラブとの（戦術確認用の）トレーニングマッチを、あたかもチャンピオンズリーグの決勝かと思うような高いモチベーションと集中を持って取り組んでいたのがマルディーニだった。

彼も多くを語るタイプではなく必要以上に発言することはなかったが、周囲の人間から非常にリスペクトされていた。
ズラタン・イブラヒモビッチのメンタル（パーソナリティ）も印象的で、彼の場合、自身に対する確固たる自信というものがある。その溢れ出る自信は、一見エゴイストに映るが、彼の所属するチームは高い確率でリーグを制覇する。今シーズンもチーム力ではインテルやユヴェントスに劣るミランを牽引《けんいん》し優勝争いを繰り広げていた。因《ちな》みに現在ミランのスポーツダイレクターを務めるのはマルディーニだ。二人ともチームを結束させる能力を持っている。

最後になるが、ブラジルワールドカップを終えて、私が日本を離れる日。サプライズで空港に現れたのが、長谷部と内田の二人だった。最終日に挨拶しに来てくれて本当にうれしかった。

私は、これまでのキャリアで2回だけ涙を流した。

©AP/AFLO

1度目は、地元の少年クラブを指導し始めたときのこと。最初は11人揃わなくて負けてばかりだったが、友達が友達を呼び、ようやく11人揃って試合ができるようになり、弱小とされていた子どもたちが力をつけていき最後の大会で決勝まで駒を進め、地域のエリートたちを相手にPK戦の末に優勝を決めたときのこと。

2度目は、空港で長谷部と内田と挨拶を交わしたあと、イタリア行きの飛行機に足を踏み入れたそのときのことだった。それくらい、うれしかった。このことは改めて内田に伝えてほしい。

FROM YUYA OSAKO

大迫勇也

表に出さないけど、ふつふつしていた

プロフィール
1990年5月18日生まれ、鹿児島県加世田市（現・南さつま市）出身。鹿児島城西高等学校から、2009年鹿島アントラーズに加入。14年ドイツ2部のTSV1860ミュンヘンに移籍し、同年にドイツ1部1.FCケルンへ。現在はヴェルダー・ブレーメンに所属。14年と18年のワールドカップに出場した。フォワード。

高校の部活出身、鹿島アントラーズ、ドイツ、日本代表、娘を持つ父親、同じ代理人。内田と大迫は共通点が多い。ドイツでも家族ぐるみで頻繁に会っていた。

優しい先輩。篤人さんは僕にとってそういう存在でした。

鹿島で出会い、篤人さんは先にドイツへ。後を追うように、僕もドイツへ移籍しました。

篤人さんが日本に戻る前の最後の2年くらいは、家が車で5分くらいのところにあって、よ

く遊びに行った。常に近いところにいた人でもあります。

鹿島アントラーズは、高校を卒業して入った僕にはすごく刺激的な日々でした。練習のレベルが高くて、紅白戦だけでワクワクしていた。ただ、いざピッチを離れると、息抜きするところがないんですよね(笑)。あまりにやることがなくて、試合後に一緒にお寿司を食べに行ったりと、何かと面倒を見てもらっていました。

2014年1月に僕もブンデス2部のTSV1860ミュンヘンへ移籍。その年の夏には1部のケルンへ移籍しました。デュッセルドルフという街に引っ越して、また会う機会が増えたことがうれしかったですね。食事もよくしましたけど、篤人さんが個人的にトレーナーをつけられていたので、家にお邪魔しては一緒に治療をしてもらったり。

いつも涼しい顔をしていますけど、とにかく気遣いの人だったと思います。それも先輩じゃなくて、とにかく後輩に対して目を配っていたイメージがあります。

メンタル、って「隠すか・隠さないか」なんじゃないかな、と個人的に思っています。

誰だって、浮き沈みはあると思うんですね、人間だから。

それを表に出す人と出さない人がいる。

僕は、基本的に出しません。むしろ、苦しいときこそ、いかに苦しくなさそうに見せるか、振る舞うかを大事にしています。

難しいことではあるんですが、そっちのほうが僕には合っていて、**心の奥では「ナニクソ」と思っていても、それは見せない**。結局、サッカーをするわけで、プレーで見返す、やり返すしかないわけです。いくら落ち込んでいても、怒っていても、それで評価が変わることはない。

サッカーをしていると苦しい瞬間は確かにたくさんあります。

今の僕だって、出場機会が減って、点が取れない現実に対して、もどかしい思いがある。それを乗り越えてやろうと思うわけですが、じゃあどうするかっていわれても、結果を出すしかない。私生活でいいことをしても点は取れないし、逆に、ぐーたらな生活をしていても点が取れれば評価は上がる。**結果でしか評価は変わらない**と思っています。

フォワードというポジション柄、点を決めなければ批判もあるけど、そういう周りの声みたいなものも気にならなくなりました。誰だって悪いときはある。そしていいときもある。だから、いいときが来るように全力を尽くすだけで、その積み重ねがサッカー選手としてのキャリアを作っていくと思っています。

ゴールを取るために何をすべきかを考える。そこに対して自問自答するしかないですから。メンタルはそういう意味で、整理するものだと考えています。

© 徳原隆元／アフロ

例えば、メンタルトレーナーさんとかっていますよね。今所属しているブレーメンにもそういう方がいて、一対一で、今どんなこと考えているんだ、とか聞かれるんですね。コロナ禍もあって、毎日家にいるわけで、そういうものへの心理面での対策です。モチベーションを上げようとしてくれる。

そういう存在は、ありがたいと思いつつ、僕はあまり得意じゃない。無理やり上げられている感じというか、誤解を恐れずにいえば、操作されている感覚って言えばいいのかな。いい・悪いではなくて、そういうのが苦手です。

もし違ったら先に謝っておきますけど（笑）、きっと篤人さんもそうだったんじゃないかなと思いますね。

自分でなんとかするし、感情はあまり出さない。でも近くで見ていると、ふつふつと心の中で熱くなっている雰囲気を、何度も感じました。テレビ画面から見ていると、わかりづらいかもしれないですけど、一緒の空間にいれば、感じるんです、そういうことを。

一緒にいて、どんな会話をしているのか、ってよく聞かれたな。

こういう性格だから僕は人に悩みを言わないんです。愚痴は言いますよ。ストライカーってそういうタイプだから。もっといいパス出せよ、みたいなそんなレベルで。

だから篤人さんとは一緒にいる時間も多かったんだけど、悩みを打ち明け合うようなこともなかったし、サッカーの話もあんまりした記憶がありません。家族ぐるみで食事をして、笑って、ストレス発散、みたいなことが多かったと思います。

そもそも僕が言うのも変ですけど、篤人さんはしっかりしているから、僕から何かを伝えるということもなかったし……。

ただ、ケガが多かったからか、ドイツの後半は、試合にバリバリ出ているときと比べると、ちょっと暗い感じはありました。いつも通りの明るさなんだけど、それを見せないようにしているのはちょくちょく感じましたね。

サッカーが好きなんだろうな、って思いますよ。

ブラジルワールドカップも、あのときは僕も自分でいっぱいいっぱいだったから気づかなかったですけど、ケガをしながら、リハビリに耐えて、すごい苦労をしてまで出場にこだわって、あれだけのプレーをしたわけじゃないですか。

それだけの価値がある大会だから気持ちはわかります。

でも、そういうのを外に見せなかったですからね。なんでもないような顔をして、痛いだろうにプレーしていた。

やっぱり、熱い人ですよね。

FROM EIJI KAWASHIMA

川島永嗣

合わないことをやってみる強さがあった

プロフィール
1983年3月20日生まれ、埼玉県与野市（現・さいたま市中央区）出身。浦和東高等学校卒業後、大宮アルディージャに入団。名古屋グランパスエイト（当時）と川崎フロンターレを経て、2010年にベルギー1部リーグ・リールセSKへ移籍。その後、スタンダール・リエージュ、ダンディー・ユナイテッドFC、FCメスを経て、RCストラスブールへ。日本人ゴールキーパーとして初めてEL（ヨーロッパリーグ）、CL予選に出場。ワールドカップには3大会で計11試合出場。

内田が日本代表として試合に出たとき、そのほとんどの試合でゴールマウスを守っていたのが川島だ。欧州でも連絡をとり合い、お互いを支え合った。

いろんなことがありましたよね。

彼が19歳のとき、日本代表で出会いました。細身なのに強烈なシュートを決められて、すごい子が出てきたなって。

2010年の南アフリカワールドカップ。篤人と僕は、立場が真逆になった。ずっと試合に出続けて、ワールドカップの出場権を獲得することに貢献した篤人は控えへ。試合をベンチで眺めていた僕はスタメンに起用された。

篤人はといえば、練習では何も変わらず、ただちょっとホテルとか移動の際は、殻にこもっていた感じがあった。当時のことに心残りがあったって聞いて、本当はあのとき、僕も声をかけるべきだったかな、って考えたりもする。でも、立場が逆だから、僕が話をしても面白くなかったと思うし、僕自身もそこまで余裕はなかった。

同じタイミングでヨーロッパに移籍して、車で2時間も走れば会うことができた。似たような境遇で、日本代表も一緒だったマコ（長谷部誠）と麻也（吉田）と4人のライングループは盛り上がるときもあれば、全然盛り上がらないときもあった。でも、明確に言葉にしなくても感じ合える関係だった。つらいとき、苦しいとき、その心の内側を打ち明けることはないんだけど、でもみんなで共有できていた。

チャンピオンズリーグの準決勝でマンチェスター・ユナイテッドと対戦している姿を観たのがとても心に残っている。いつも変わらずにプレーする篤人は、「アットそのもの」だなーって、思った。

類《たぐい》まれなる攻撃センスを持ったサイドバックだった。最初のころは、日本代表のベンチから見ていて、守備のことを考えずにガンガン攻める姿に圧倒された。それでいて、自分の感覚で守備に戻れる。当時の篤人はきっと、なるべく高い位置でボールを受けること、そこで何ができるのかを第一に考えていたんだと思う。篤人みたいなタイプの日本人サイドバックを目にしたことがなかったから圧倒されたんだよね。きっと、あれがベンチからじゃなくゴールから見ていたら、ちょっと怒っただろうね(笑)。でも、篤人はあれが良かったし、ドイツに行って守備の面もどんどん改善されていった。

忘れられないのは、2015年だったかな。サッカーを観ていたのか、それともゲームをしていたのか……シーンは覚えていないんだけど、「永嗣さんはチームが決まればサッカーできるからいいじゃん」って言われたことがあった。あのときの僕は、所属クラブが決まっていなくて、半年近く無所属状態が続いていた。いろんなクラブに行って、練習参加をさせてもらったけど決まらない。そんな僕に篤人は、そう言った。

ブラジルワールドカップにすべてをかけて出場した篤人は、その代償を払うかのようにケガを繰り返し、全力でサッカーができるような状態ではなかった。ポッと発した一言。そんな感じだったけど、あれは忘れられない。五体満足でプレーできる幸せをかみしめたし、逆に篤人自身が100パーセントの力でプレーできない苦悩が、詰まっていたのかもしれない。

とはいえ、クラブがないのも相当つらいんだけどね（笑）。

普通の人は、一つひとつ壁を越えながら時間をかけてステージを上げていく。階段を上るように。でも篤人は最初から「そのステージにいた」、そんな印象。篤人はずっとそこを見ていた。求めるものがすごく高いやつだったと思っている。

そして常に変わらない。19歳で代表に選ばれようが、チャンピオンズリーグでプレーしようが、家でぐーたらしていようが、**本質はブレない。立場や見た目、チームが変わっても、とにかく客観的に物事を見ている。**一喜一憂せず、すごいことをやっていても淡々と次に向かっていける。少なくとも僕は、篤人の根っこの部分はずっと変わらないままでいたと思っている。

そういうことを誰にも言わないから、わかりにくい男でもある。ただ、やっぱり彼なりの理想があって、それを常に追い求め続けていた。

年下ではあったけど、だからこそ学ばされることは本当に多かった。

例えば、篤人自身もそう思っているだろうけど、性格でいえば彼は海外向きじゃない。ケガだけじゃなく苦しいことはたくさんあったはずだ。でもシャルケにあれだけいて、結果も出した。チャンピオンズリーグベスト4はものすごいことだ。

自分の性格とは違う、合わないことにチャレンジした。

そこで結果を残した。

シャルケで、英語でチームメイトと会話している姿を見て、こんなことがあるんだな、ってびっくりしたけど、殻を自分で破ったと思った。

頑張るタイプでもある。ケガがあって100パーセントでできないこの数年間は、かなりつらかったはずだ。それこそ、篤人の性格からいえば、もっと早くやめてもおかしくなかった。ウニオン・ベルリンの移籍もそう。シャルケが大好きで、愛着を持つタイプだったから、決して喜び勇んで移っていったわけじゃないと思う。でも、決断した。

©aflo

篤人は何回も、自分の性格と違うことにチャレンジした。

そうやって変わったこと、**合う・合わないとか、性格が向いていない、みたいなところを全部乗り越えて得られるものは本当に大きい**ことを示してくれた。

篤人は自分とは違うものをたくさん持っている。

間近でそれを見ることができたのは、僕のサッカー人生において大きな財産だ。

内田篤人（うちだ あつと）

元プロサッカー選手。1988年3月27日生まれ。静岡県田方郡函南町出身。清水東高等学校から鹿島アントラーズに加入。1年目の開幕戦から右サイドバックのレギュラーに定着し、Jリーグ3連覇を達成した。10代からサッカー日本代表にも選出される。2010年にドイツ・ブンデスリーガのシャルケ04へ移籍し、チャンピオンズリーグベスト4、ドイツカップ優勝など、数々の実績を残す。著書に『僕は自分が見たことしか信じない』『淡々黙々。』『2 ATSUTO UCHIDA FROM 29.06.2010 Photographs selected by 内田篤人』などがある。引退後は、JFA ロールモデルコーチを務める。また、『報道ステーション』水曜日のレギュラーキャスターや、SAPPOROやユニクロのCM出演、LIXILのSDGsアンバサダーなど、多方面で活躍中。

©aflo

※各選手の所属チームなど、一部省略させていただきました。
※所属チームなどのデータは2021年6月28日現在のものです。

プロデュース
秋山祐輔（SARCLE）

構成
黒田俊

デザイン
山本知香子

写真
杉田知洋江

スタイリング
鈴木肇

ヘア＆メイク
風見咲希

編集
二本柳陵介

編集アシスタント
坂本遼佑

ウチダメンタル
心の幹を太くする術《すべ》

2021年8月 5 日　第1刷発行
2022年3月25日　第4刷発行

著者　　内田篤人
発行人　見城 徹
編集人　舘野晴彦
編集者　二本柳陵介

発行所　株式会社 幻冬舎
〒151-0051 東京都渋谷区千駄ヶ谷4-9-7
電話　03(5411)6269(編集)
　　　03(5411)6222(営業)

振替　00120-8-767643

印刷・製本所　中央精版印刷株式会社

検印廃止

ISBN978-4-344-03788-5　C0095
幻冬舎ホームページアドレス　https://www.gentosha.co.jp/

この本に関するご意見・ご感想をメールでお寄せいただく場合は、
comment@gentosha.co.jp まで。